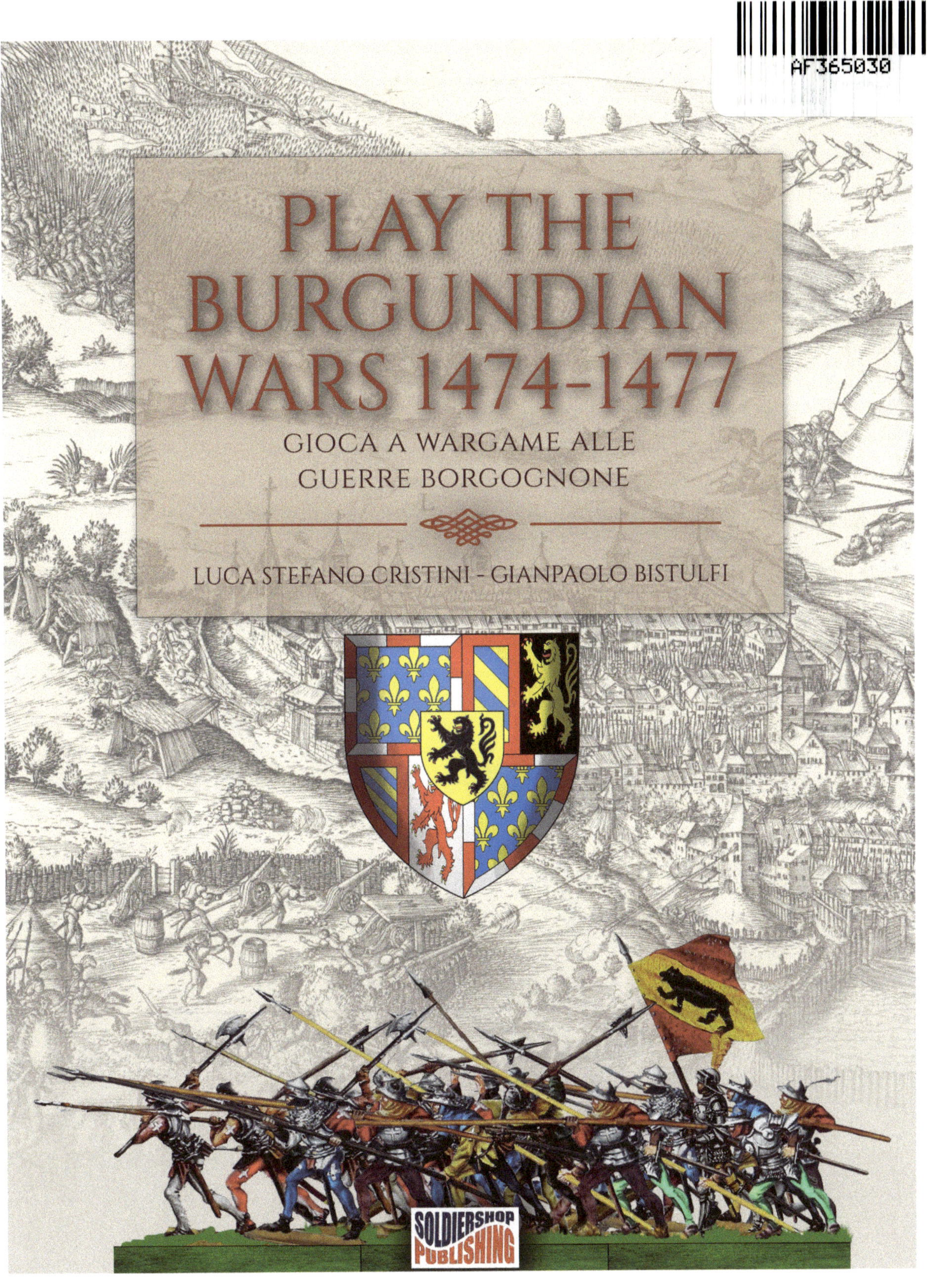

PLAY THE BURGUNDIAN WARS 1474-1477

GIOCA A WARGAME ALLE GUERRE BORGOGNONE

LUCA STEFANO CRISTINI - GIANPAOLO BISTULFI

AUTHORS

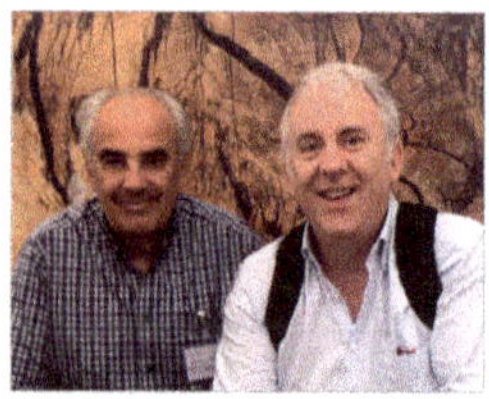

Luca Stefano Cristini has edited various publications on ancient and contemporary historical themes, including a great work on five volumes about the Thirty Years War and many others on Medieval and Napoleonic period, as well as several illustrated books with historical color photographs. He's also in charge for all the brands of Soldiershop Publishing.

Luca Stefano Cristini, storico e divulgatore da sempre di storia militare. Ha diretto per diversi anni riviste nazionali specializzate di carattere storico e uniformologico. Ha pubblicato un importante lavoro, recentemente ristampato su 5 volumi, dedicato alla Guerra dei 30 anni (1618-1648), il primo mai stampato in Italia sull'argomento. L'autore ha oggi al suo attivo molti titoli delle collane Soldiershop, Bookmoon e Museum sia in qualità di autore che di illustratore.

Gianpaolo Bistulfi was born in Milan where he lives and works. He has always had a passion for drawing and painting. In 1987, he discovered the world of flat soldiers, virtually unknown in Italy. Gianpaolo has dedicated himself to making the world of flats known in Italy: he has created a very extensive website on the subject; he has written and still writes articles for specialized magazines in Italy, Germany and England; he has collaborated in the publication of some books, providing photos of the figures of his wide collection of flat figures. His collection is one of the most important in the world.

Gianpaolo Bistulfi è nato a Milano dove risiede e lavora. Laureato in Ingegneria elettrotecnica al Politecnico di Milano, ha sempre avuto una passione per il disegno e la pittura. Nel 1987, scopre il mondo dei soldatini piatti, all'epoca poco conosciuti in Italia. In breve diventa uno dei massimi artisti di riferimento mondiale nella colorazione e raccolta di soldatini piatti. La sua collezione è da annoverare fra le più grandi del mondo. Ha contatti con tutto il gotha di artisti e produttori di zinnfiguren e gestisce un blog molto seguito.

PUBLISHING'S NOTE

ACKNOWLEDGEMENT - RICONOSCIMENTI:

A special acknowledgement goes to our master paper kraft Giuseppe Cristini, expert author of all the "clippings" and assembly of our kits and buildings. We also thank all the artists of flat painted soldiers not mentioned of the models belonging to the authors' collections. Thanks to Lorenzo Sartori, editor of Italian wargame magazine Dadi&Piombo, and Riccardo Affinati inventor of Rasenna wargame rules for his important contributions. Last, a thank to Anna Cristini, author of the assembly of all the figures' stands.

Uno speciale riconoscimento va al nostro master paper kraft Giuseppe Cristini, esperto autore di tutti i "ritagli" e montaggi dei nostri kit ed edifici. Un ringraziamento va anche a tutti gli autori di soldatini piatti dipinti non citati dei modelli appartenenti alle collezioni degli autori. Un grazie sentito a Lorenzo Sartori, direttore di Dadi&Piombo e Riccardo Affinati ideatore di Rasenna wargame rules per il loro prezioso contributo e per la loro disponibilità. Infine, un grazie ad Anna Cristini autrice del montaggio degli stand dei figurini.

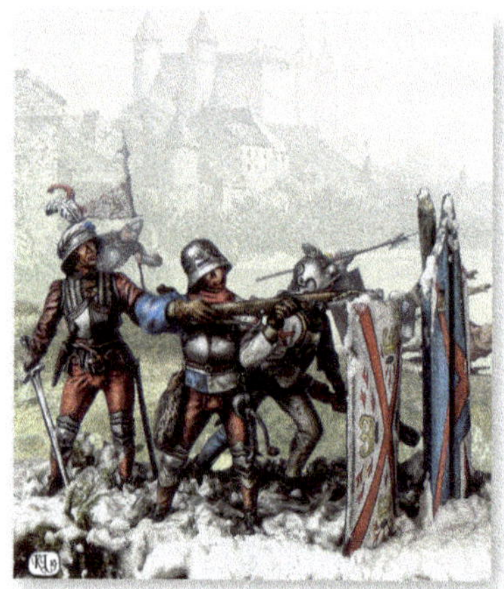

Title: Play the Burgundian wars 1474-1477 - Gioca a wargame alle guerre borgognone
By Luca Stefano Cristini & Gianpaolo Bistulfi
Serie Paper Battles&Dioramas edit by Luca S. Cristini. First edition by Soldiershop series. December 2019
Cover & Art Design: Luca S. Cristini. ISBN code: 978-88-93275224
Published by Luca Cristini Editore, via Orio 35/4- 24050 Zanica (BG) ITALY. www.soldiershop.com

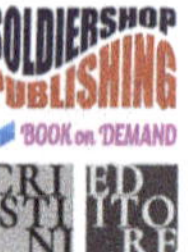

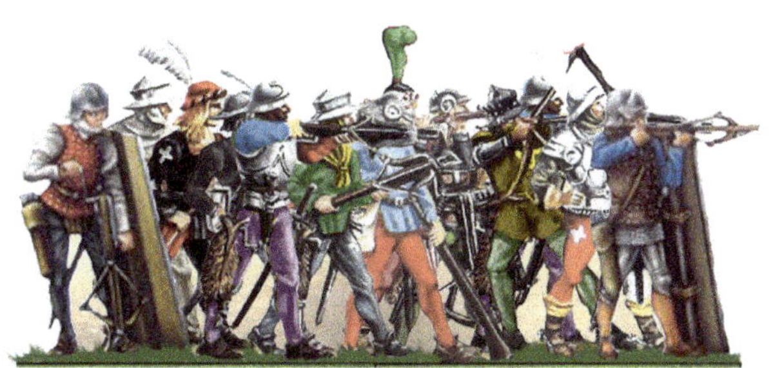 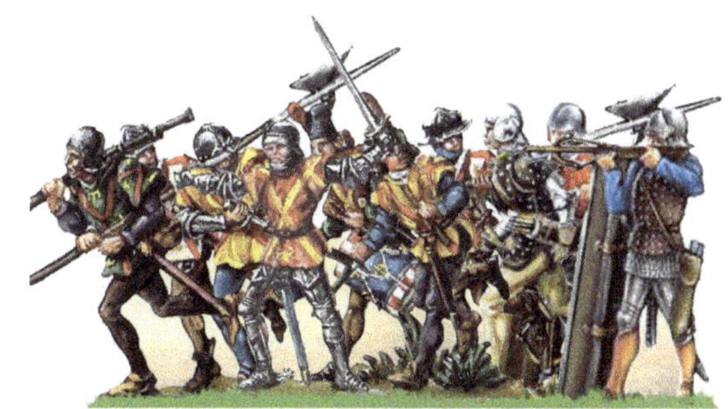

PLAY THE BURGUNDIAN WARS 1474-1477
GIOCA A WARGAME ALLE GUERRE BORGOGNONE

PREFACE

Project made possible by the great and beautiful collection of Gianpaolo Bistulfi, who in many years of modelling career has personally painted thousands of toy soldiers. Now these soldiers will be at your disposal to obtain, with little effort, entire armies of battalions of infantry, squadrons of cavalry, batteries of cannons, houses and buildings, trees and much more material needed to create the scenes of your battle. We also explain tricks and modes for a good assembly of the pieces, as well as the official rules for playing wargame.

In the books there are also rich and detailed sceneries to play, which faithfully reproduce maps of battles and positions of armies of the past, to make it all more akin to the history and therefore enormously more interesting.

All in 50 pages full of hundreds of soldiers supplied in the standard scale of 25/28mm that you can, for personal use only, photocopy on thicker cardboard and thus get armed with the desired size. Always acting on the printing you can, enlarging or on the contrary reducing the scale, get toy soldiers in other scales from 10mm to 30mm!

Obviously we remind you that any commercial use is forbidden as the copyright remains the property of Soldiershop. Given the low cover price of our volumes it may be cheaper for you to get the toy soldiers directly from our books, you have the choice!

We have several new titles in working for our new series, destined in the short term to present an increasing number of sceneries, battles or dioramas. Follow us on our website www.soldiershop.com, on our Facebook page (Paper Battles&Dioramas) and on our YouTube channel (Soldiershop Publishing). Soon we will add free content that will allow you to enrich and improve your armies. So what are you waiting for? Wear the general commander's shoulder pads, equip yourself with a capable table, a practical ruler to measure, a pair of dice and get ready to lead hundreds or thousands of armed in epic and exciting battles of history.

Have fun!   Luca Cristini

PREFAZIONE

Siamo particolarmente fieri di questa nuova collana, resa possibile dalla grande e bellissima collezione dell'amico Gianpaolo Bistulfi, che in tanti anni di carriera modellistica ha dipinto personalmente migliaia di soldatini. Ora questi soldatini saranno a vostra disposizione per ottenere con poca fatica intere armate di battaglioni di fanti, squadroni di cavalleria, batterie di cannoni, case ed edifici, alberi e tanto altro materiale necessario per creare le scene della vostra battaglia. Nel libro indichiamo ovviamente trucchi e modalità per un buon montaggio dei pezzi, così come forniamo le regole ufficiali per giocare a wargame.

Inoltre nei libri sono presenti ricchi e dettagliati scenari da giocare, che riprendono fedelmente mappe di battaglie e diposizioni di eserciti del passato, per rendere il tutto più affine alla storia e quindi enormemente più interessante.

Il tutto in 50 pagine fitte di centinaia di soldati forniti nella scala standard di 25/28mm che potrete, per solo uso personale, fotocopiare su cartoncino più spesso ed ottenere così armate delle dimensioni desiderate. Sempre agendo sulla stampa potrete, ingrandendo o al contrario riducendo la scala, ottenere soldatini in altre scale da 10mm a 30mm! Ovviamente ricordiamo che resta proibito qualsiasi uso commerciale in quanto il copyright rimane proprietà esclusiva di Soldiershop. Dato il contenuto prezzo di copertina dei nostri volumi potrebbe essere più conveniente per voi ricavare i soldatini direttamente dai nostri libri, a voi la scelta! I nostri libri *paper battles* sono talmente belli che vi vale la pena di conservarne anche una coppia "intonsa"! Abbiamo in cantiere diversi nuovi titoli. Seguiteci sul nostro sito www.soldiershop.com, sulla nostra pagina Facebook (Paper Battles&Dioramas) e sul nostro canale YouTube (Soldiershop Publishing). A breve aggiungeremo anche contenuti free che vi consentiranno di arricchire e migliorare i vostri eserciti. Quindi cosa aspettate? Indossate le spalline da generale comandante, dotatevi di un capace tavolo, un pratico righello per misurare, un paio di dadi e preparatevi a guidare centinaia o migliaia di armati in epiche e appassionanti battaglie della storia.

Buon divertimento!   Luca Cristini

HOW TO ASSEMBLE YOUR PAPER ARMY AND YOUR DIORAMAS
COME MONTARE LA VOSTRA ARMATA DI CARTA E I VOSTRI DIORAMI

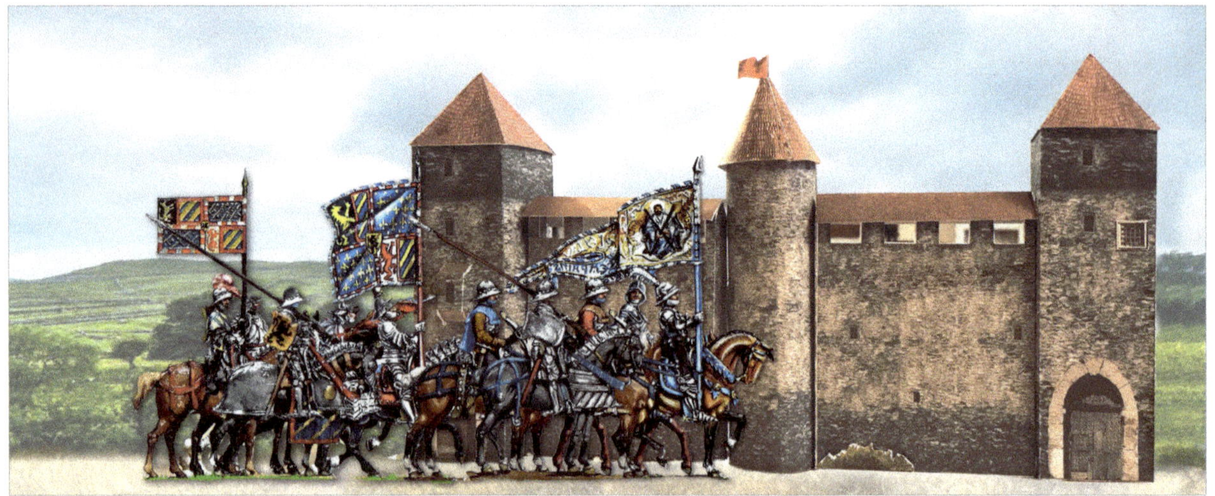

In order to create numerous armies, you can directly use our toy soldiers or, alternatively, photocopy them (only and exclusively for personal use, any other right is excluded). Our sheets have a size of 8x10 inches, (20.3 x 25.4 cm). Our toy soldiers are from 25 mm to 28 mm high. If you want to obtain toy soldiers on a different size from the one provided, you must either reduce them or, on the opposite, enlarge them in scale. We recommend using professional or service copiers that certainly offer better print quality. Our bases come in multiple sizes or fractions of 4 cm long by 2 cm wide (sometimes 1 cm, as with single artillerymen, bushes, accessories etc.). The average length of the cavalry is 8 cm, while for infantry it is 4, 8 or 12 cm. Command or flag sections come in 4 cm bases. The bases for artillery are 4x4 cm.

Uniforms in the first half of the 17th century were not coded, they were dressed, it is said, to the bourgeoisie with hats, trousers and tunics of various colors: brown, grey, green, etc... Therefore, as far as possible, mark the armies in order to recognize and separate them (in many cases they are already indicated by the country of origin). If you are skilled you can also easily recolor some parts of the tunics and clothing with markers or with acrylic colors, and a brush in the case of dark colors bases.

We recommend using 80 or 100 grams of cardboard, not thicker otherwise you will have some difficulty when cutting, and that's the optimal

Per favorire la creazione di eserciti numerosi potete utilizzare direttamente i nostri soldatini o in alternativa fotocopiarli (esclusivamente per uso personale, ogni altro diritto è escluso). I nostri fogli sono nel formato 8x10 pollici (20,3 cm x 25,4 cm). I soldatini hanno un'altezza variabile da 25 mm a 28 mm. Se si vogliono ottenere soldatini in scala diversa da quella fornita basterà ridurli o ingrandirli in scala. Consigliamo di utilizzare fotocopiatrici professionali, o service, che certamente offrono una migliore qualità di stampa. Le basi sono hanno misure multiple di 4 cm di lunghezza per 2 cm di altezza (1 cm nel caso di artiglieri singoli, cespugli, accessori ecc.). La lunghezza media della cavalleria è 8 cm, mentre per la fanteria si usano 4, 8 o 12 cm. Per le sezioni comando o bandiera, o comandante, la base è di 4 cm. Per l'artiglieria sono 4x4 cm.

Le uniformi nella prima metà del XVII secolo non erano codificate, ci si vestiva per cosi dire alla borghese con cappellacci, pantaloni e tuniche di diversi colori: marroni, grigi, verdi... Quindi marchiate le armate in modo da riconoscere i diversi eserciti (in molti casi sono già indicati per nazione di appartenenza). Se siete abili potete anche ricolorare facilmente alcune parti delle tuniche e del vestiario con pennarelli nel caso di fondi di colore chiaro, o con colori acrilici e un pennellino nel caso di base con colori scuri.

I nostri kit di soldatini ed edifici sono generalmente facili da montare. Consigliamo di utilizzare cartoncini

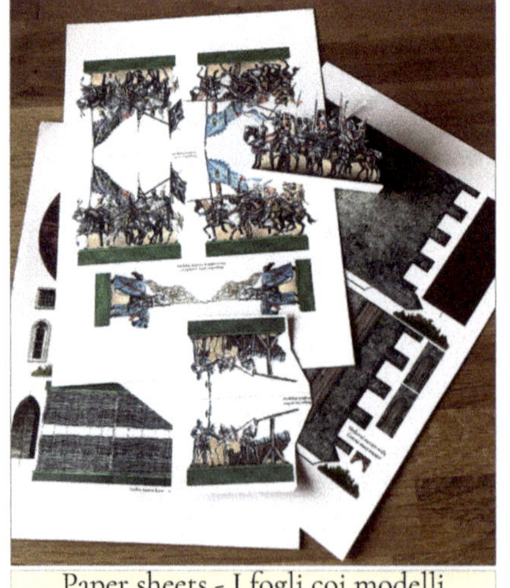

Paper sheets - I fogli coi modelli

weight once the glue dries. For what concerns the glue you have many possibilities, it just depends on your experiences, Vinylic, UHU or glue stick are always indicated. As you can see, our toy soldiers are printed on both sides. This is not a real front and back, as we have chosen to show soldiers moving from right to left or vice versa and rarely in front. However, the result is superb. Each group is generally divided by a thin line that indicates the exact position in which the paper should be folded, perhaps with the help of a ruler, and then glued so to match the two parts, except the bases that should be folded 90 degrees outward. Once the glue is completely dry, weld the two semi-bases onto a heavier cardboard

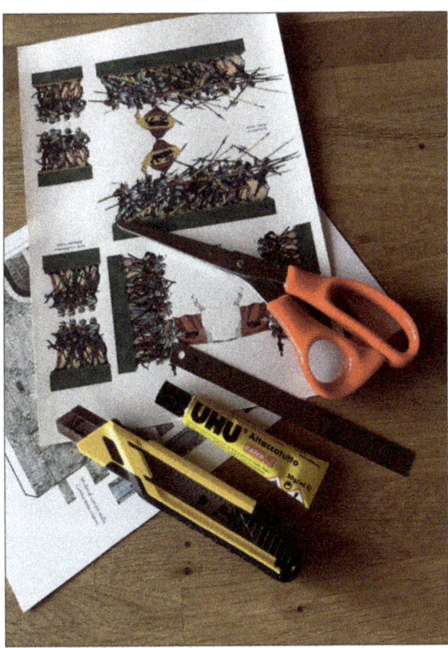

Tools & glue - Atrezzi e colla

that gives the base its solidity. If you want you can also glue some synthetic grass to the base for an even more realistic effect. In this case we suggest to apply a thin layer of vinyl glue and pour the synthetic grass until it is welded, then blowing away the excess. Once the whole thing is fixed, we must proceed to cut the "white" parts that surround the soldiers and their weapons or flags. Use scissors or cutters for this, depending on the part you have to work with. Also remember to pay attention to the formation of units, following the instructions given in the chapter of tactics or scenarios attached to the book. Therefore, make a number of commanders, generals, command sections and flags proportional to the battalions, squadrons or batteries of cannons of which your army is formed. On the cannon bases remember to put an appropriate number of artillerymen (with base 1 cm).

Making 3D models

In our sheets we offer the possibility of making artillery pieces or carriages in 3D format. If you are not interested we also provide some solutions with "flat" models as the toy soldiers themselves. All models in 3D give a whole different look to the scene or to the diorama you create. They are obviously a bit more complex to assemble but with time you will certainly learn to overcome this obstacle. The greatest difficulties, as well as with the buildings, are with the cannons and wagons. Here you simply have to proceed step by step, welding all the parts stamped in duplicate: cutter, wheels, etc... For the canes of the cannons, use a bodkin or a nail of a certain thickness and roll

di 150/200 grammi per metro, non più spessi altrimenti sarà più complicato tagliare tutto quanto, e in ogni caso quel peso è l'ideale una volta asciugata la colla. Per quanto riguarda il collante avete molte possibilità, Vinavil, UHU o colle stick sempre pratiche. I nostri soldatini sono stampati su due lati. Tuttavia non si tratta di un vero e proprio fronte retro, dato che abbiamo scelto di mostrare soldati in movimento da destra a sinistra o viceversa e raramente di fronte. In ogni caso il risultato è comunque superbo. Ogni gruppo è generalmente diviso da una sottile linea che indica la esatta posizione in cui la carta va piegata, magari aiutandosi con un righello, e poi incollata in modo da far combaciare le due parti, ad eccezione delle basi che invece vanno piegate di 90 gradi verso l'esterno. Una volta secca la colla saldiamo le due semi basi su un cartoncino più pesante per conferire solidità alla base. Volendo potremmo anche incollare dell'erba sintetica da modellismo alla base per un effetto ancora più realistico. In questo caso suggeriamo di stendere un leggero velo di colla vinilica e versare a pioggia l'erba sintetica finché si salda, soffiando poi via l'eccesso. Una volta saldato il tutto si procederà a tagliare le parti "bianche" che circondano i soldatini e le loro armi o le loro bandiere. Utilizzate per questo forbici o cutter a seconda della pratica che avrete sviluppato. Ricordate anche di prestare attenzione alla formazione delle unità, seguendo le indicazioni fornite nel capitolo delle tattiche o degli scenari allegati nel libro. Pertanto realizzate un numero di comandanti, generali, sezioni comando e bandiere proporzionale ai battaglioni, agli squadroni o alle batterie di cannoni da cui è formato il vostro esercito. Sulle basi dei cannoni incollate un numero adeguato di artiglieri (a base 1 cm).

Realizzare modelli in 3D

Nei nostri fogli offriamo sempre la possibilità di realizzare pezzi d'artiglieria, carriaggi, carrozze anche in formato tridimensionale, fornendo ugualmente anche alcune soluzioni con modelli "piatti" come i soldatini stessi. Tuttavia i modelli in 3D conferiscono tutto un altro aspetto alla scena o al diorama. Sono ovviamente procedimenti un po' più complessi, ma con il tempo imparerete certamente a superare anche questo ostacolo. Le maggiori difficoltà, oltre che con gli edifici, si avranno con i cannoni e con i carri. Qui dovrete semplicemente procedere passo a passo,

the rod until you have the desired caliber, then close the ends with the drawings of the breech and the mouth of the cannon. Once the glue has dried, it is time to add the metal rims to the wheels of the cannons and the bands to the frames. Then assemble the piece with the various parts of which it is composed: the shaft, the connecting axes, the wheels and the barrel of the cannon. Finally, the ammunition box. In the same way, proceed to assemble the wagons. For the towing you can decide, if the design of the subject allows it, to make two lines of horses that pull the pieces or wagons. In this case, you should reduce the internal width of the bases of the horses, so to appear proportionate to the piece or wagon that they will have to pull.

For artillery gabions, you will find models in two or three dimensions. In the case of the 3D, roll up the gabion until it matches the two extremes. Glue the white tab, then proceed to insert the cover from above and weld everything on the base to the ground, slightly wider.

Build trees & accessories for dioramas

The process is quite simple. It is better to use slightly thicker cards in this case, avoiding vinyl glues that with their watery base would make the assembly a bit complicated. Given the almost total presence of straight lines, the buildings should be cut with ruler and cutter. We always suggest to use new blades and to cut the lines several times, considering the thickness of the cardboard. Once the walls and perimeters have been cut, proceed to fold all the white tabs 90°. Once obtained the corners you will then proceed to fix the various parts to the white tabs. The diagrams provided in the various pages will certainly help you to understand how to proceed in the assembly. Once the structure is assembled, add all the details such as windows, doors, recesses, etc... Finally, to make the building balance, draw wider base. You can colour the visible part of this base in ground colour and the building is ready. For trees and vegetation proceed in the usual way of toy soldiers and bushes in 2D. Otherwise you can use the same design several times to create trees on three or even four faces in perfect 3D style!

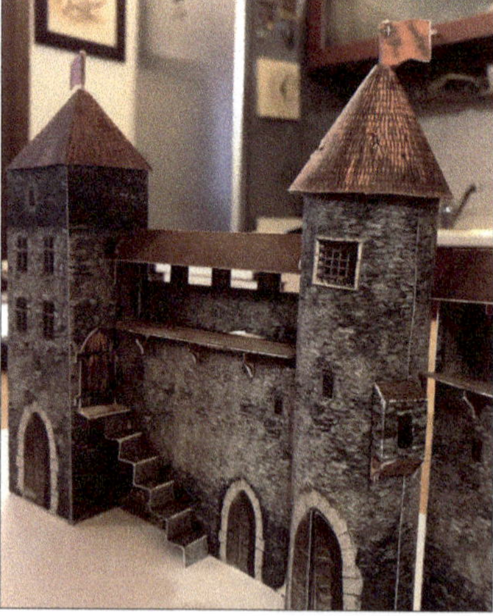

saldando prima di tutto tutte le parti stampate in doppio: affusto e ruote. Per le canne dei cannoni munitevi di un punteruolo o di un chiodo di un certo spessore, e arrotolate la canna fino ad ottenere il calibro desiderato; chiudete poi le estremità con i disegni della culatta e la bocca del cannone. Una volta secca la colla è il momento di aggiungere i cerchioni in metallo alle ruote dei cannoni, e le fasce agli affusti. Assemblate poi il pezzo con le varie parti di cui è composto: affusto, assi di congiunzione, ruote e canna del cannone. Infine la scatola delle munizioni. Allo stesso modo procedete nel montaggio dei carriaggi. Per i traini potete decidere, se il disegno del soggetto ve lo consente, di fare due linee di cavalli che trainano i pezzi o i carri. In questo caso abbiate cura di ridurre la larghezza interna delle basi dei cavalli da tiro in modo da apparire proporzionati al pezzo o al carro che dovranno trainare.

Per i gabbioni d'artiglieria, anche qui avrete a disposizione modelli a due o tre dimensioni. Nel caso del 3D, arrotolate il gabbione fino a farlo combaciare con le due stremità. Incollate la linguetta bianca, poi procedete ad inserire il coperchio dall'alto e a saldare il tutto sulla base a terra, leggermente più larga.

Costruire edifici, alberi e accessori per i diorami

Il procedimento è abbastanza semplice. È meglio utilizzare in questo caso cartoncini leggermente più spessi, evitando colle viniliche che con la loro base acquosa renderebbero il montaggio un po' complicato. Vista la pressoché totale presenza di linee dritte, gli edifici vanno ritagliati con righello e cutter. Consiglio di usare sempre lame nuove e di incidere più volte le linee, visto lo spessore del cartoncino. Una volta tagliate le pareti e i perimetri, procediamo alla piega di tutte le linguette bianche di 90 gradi. Ottenuti gli angoli andranno fissate le varie parti alle linguette bianche. Gli schemi forniti nelle varie pagine vi aiuteranno senz'altro a comprendere come procedere nell'assemblaggio. Una volta montata la struttura aggiungete tutti i particolari come finestre, porte, abbaini e rientranze. Infine, per stabilizzare il tutto, disegnate una base dalla larghezza appena superiore a quella dell'edificio. Potrete colorare la parte visibile di questa base in color terra e l'edificio sarà pronto. Per alberi e vegetazioni procedete nella solita maniera dei soldatini bidimensionali. Altrimenti poterete usare più volte lo stesso disegno per creare alberi su tre o anche quattro facce in perfetto stile 3D!

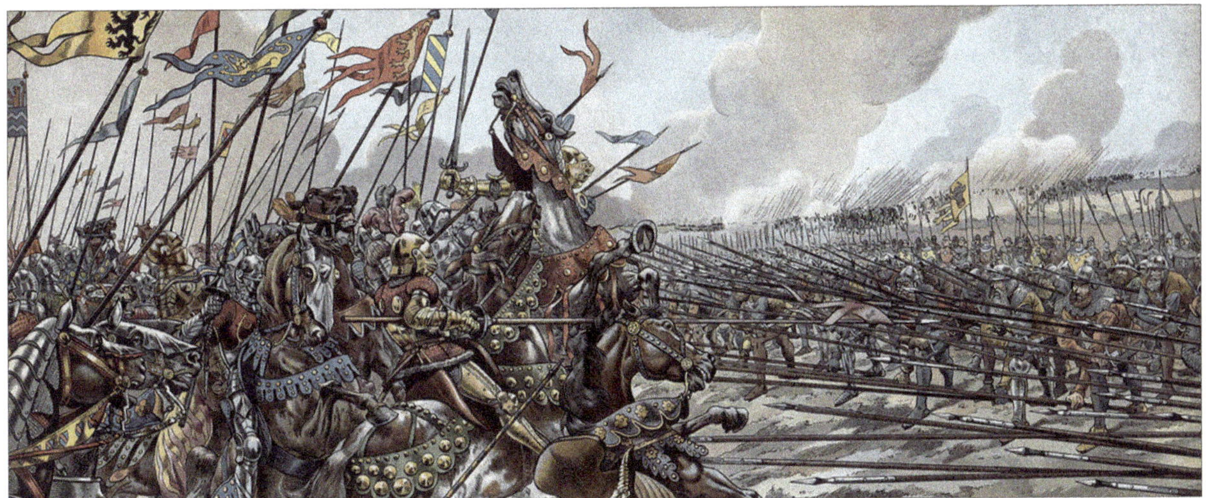

The **Burgundian wars** were formally a conflict between the Duke of Burgundy and France led by the Valois dynasty, in which the Swiss Confederation was involved and played a decisive role. The war itself broke out in 1474 and in the following years the Duke of Burgundy, Charles I known as the Bold, was defeated by Swiss soldiers three times on the battlefield, and killed in the battle of Nancy. It all began in 1469, when Duke Sigismund of Austria assigned his dominions in Alsace to the Duke of Burgundy in recognition of having them well protected against the expansion of the Swiss. However, the fierce embargo policy against the cities of Basel, Strasbourg and Mulhouse, led by his dignitary von Hagenbach, prompted these cities to turn to Bern for help. In the meantime, Charles' expansionist strategy had its first setback after the disastrous siege of Neuss (1473 - 1474) to bend the Archbishop of Cologne. For a curious game of diplomacy, at a certain point the Duke of Austria changed alliances there, making common force with the Swiss against the Burgundians. Von Hagenbach was captured and beheaded in Alsace. The Old Confederation, thanks to French and Austrian help, went on the offensive conquering part of the Burgundian Jura (Franche-Comté) during the Battle of Héricourt, in November 1474. By this time it was an open war, the Swiss conquered and sacked the Land of Vaud, which belonged to Jacques de Romont of Savoy, in turn allied with Charles the Bold, who was sonorously defeated in the battle of Planta in November 1475. The Bold, foaming anger, organized a retaliation and marched on Grandson. Despite the surrender of the city to the invader, Charles hung the entire Swiss garrison. Bern and many Swiss cities joined forces to face the invasion and the two armies faced each other

Le **guerre borgognone** furono formalmente un conflitto tra il duca di Borgogna e la Francia guidata dalla dinastia dei Valois, in cui la Confederazione svizzera fu coinvolta e giocò un ruolo decisivo. La guerra vera e propria scoppiò nel 1474 e negli anni successivi il duca di Borgogna, Carlo I detto il Temerario, fu sconfitto dalle soldataglie svizzere per ben tre volte sul campo di battaglia ed ucciso nella battaglia di Nancy. Tutto ebbe inizio nel 1469, quando il duca Sigismondo d'Austria destinò i suoi domini in Alsazia al duca di Borgogna come riconoscimento per averli ben protetti contro l'espansione degli svizzeri. Tuttavia Carlo il Temerario non si spinse ad attaccare direttamente la confederazione, come voleva Sigismondo, Tuttavia la feroce politica di embargo contro le città di Basilea, Strasburgo e Mulhouse, diretta dal suo dignitario von Hagenbach, spinse queste città a rivolgersi a Berna per ricevere aiuto. Nel frattempo la strategia espansionistica di Carlo ebbe un primo scacco dopo il rovinoso assedio di Neuss (1473 – 1474) attuato per piegare l'arcivescovo di Colonia. Per un curioso gioco della diplomazia, ad un certo punto il Duca d'Austria cambio alleanze ì, facendo forza comune con gli svizzeri contro i borgognoni. Von Hagenbach fu catturato e decapitato in Alsazia. La Vecchia Confederazione, grazie all'aiuto francese e austriaco, passò all'offensiva conquistando parte del Giura borgognone (Franca Contea) grazie alla Battaglia di Héricourt, nel novembre del 1474. Ormai era guerra aperta, gli svizzeri conquistarono e saccheggiarono il Paese del Vaud, che apparteneva a Jacques de Romont di Savoia, a sua volta alleato con Carlo il Temerario. che fu sconfitto sonoramente nella battaglia di Planta del novembre 1475. Il Temerario, schiumando rabbia, organizzò una rappresaglia e marciò su Grandson. Nonostante la resa della città davanti all'invasore, Carlo impiccò tutta la guarnigione svizzera.

on March 2, 1476 at the Battle of Grandson. The Confederates, although outnumbered and gunned down by the powerful enemy artillery, were able to dramatically win the forces of the Bold who had to leave the field leaving, in addition to numerous cannons, part of the ducal treasure. The Duke of Burgundy, taking refuge in Lausanne, organized his revenge by setting up a new powerful army of about 30,000 men with the aim of putting the rebellious cantons to the sword and drone. When Charles the Bold arrived in the vicinity of Morat (Murten in German), he besieged the city, which was defended by about 1,500 male soldiers within the fortified circle of walls. They were able to resist until the arrival of the coalition confederate troops who had come to the rescue from all of Switzerland, but also from Lorraine and Alsace. The siege was broken and the Duke of Burgundy, forced to withdraw, suffered a devastating defeat. His Savoy allies therefore stipulated the Peace of Freiburg and withdrew from the conflict, leaving Burgundy alone to bear the burden of a heavy conflict against half of Europe. The news of the defeat of Morat in fact pushed all the enemies of Charles the Bold to unite and form a large army, led by Renato II of Lorraine, to besiege Charles the Bold in Nancy. On that occasion the Swiss soldiers were above all a support to the allies by providing a contingent of about 9,000 soldiers. The battle, although very hard, almost immediately turned in favor of Renato II, and the Duke of Burgundy ended up surrounded by Swiss halberdiers, being killed in the field.

A traditional adage reads: *In Grandson Charles lost his wealth, in Morat he lost his honour, in Nancy he lost his head.*

RULES FOR THE BURGUNDIAN WARS GAME

The soldiers: those provided in our book are in a 25/28 mm (1/72) scale. You can play wargames with soldiers of different sizes. The choice depends on the player's preferences: the bigger the miniature, more details are required. The scales usually used for wargame are: 15 mm, 20 mm and 25/28 mm. Acting on the scale of the copier you can easily set the figures in the other sizes of 20 mm or 15 mm. The toy soldiers are placed on bases of 4, 8 or 12 cm. In some cases they are on a base of 2 cm(crews of guns, tank drivers, etc.) while rarely they stay on a base of 6 cm. If you choose different measures, make sure to calculate the size indicated in the rules accordingly.

Each 8 cm cavalry base includes 4 to 6 units (toy soldiers). The command base includes 1 or 2 units. Each 12 cm long infantry base counts from 12 to 25 units. The infantry base generally has 4 units. Commanders and single flags count one unit. Each artillery base has one gun and 3 to 5 units. The same applies to wagons.

Berna e molte città svizzere si coalizzarono per far fronte all'invasione ed i due eserciti si fronteggiarono il 2 marzo 1476 nella battaglia di Grandson. I confederati, sebbene in inferiorità numerica e presi a cannonate dalla potente artiglieria nemica, riuscirono clamorosamente a vincere le forze del Temerario che dovette lasciare il campo abbandonando, oltre a numerosi cannoni, parte del tesoro ducale. Il Duca di Borgogna, riparando verso Losanna, organizzò la sua vendetta allestendo un nuovo potente esercito di circa 30.000 uomini con lo scopo di mettere a ferro e fuoco i cantoni ribelli. Arrivati in prossimità di Morat (Murten in tedesco) Carlo il Temerario pose in assedio la città che all'interno della munita cerchia di mura era difesa da circa 1.500 soldati uomini che seppero resistere fino all'arrivo delle truppe confederate coalizzate giunte in soccorso da tutta la svizzera ma anche dalla Lorena e dall'Alsazia. L'assedio venne rotto ed il Duca di Borgogna costretto a ritirarsi, subì una devastante sconfitta. I suoi alleati sabaudi stipularono perciò la Pace di Friburgo e si ritirarono dal conflitto lasciando sola la Borgogna a sostenere il peso di un pesante conflitto contro mezza Europa. La notizia della sconfitta di Morat infatti spinse tutti i nemici di Carlo il Temerario ad unirsi e a formare un grosso esercito, guidato da Renato II di Lorena, per assediare Carlo il Temerario a Nancy. In quell'occasione i soldati svizzeri furono soprattutto un supporto agli alleati fornendo un contingente di circa 9.000 soldati. La battaglia, seppur durissima, volse quasi immediatamente a favore di Renato II ed il Duca di Borgogna, finì accerchiato dagli alabardieri svizzeri, e ucciso sul campo.

Un adagio tradizionale recita: *A Grandson Carlo perse le ricchezze, a Morat perse l'onore, a Nancy perse la testa.*

REGOLE PER IL GIOCO DELLE GUERRE BORGOGNONE

I soldatini: quelli forniti nel nostro libro sono nella scala in 25/28mm (1/72). A wargame si può giocare con soldatini di diverse dimensioni. La scelta, ovviamente, dipende dai gusti del giocatore: più la miniatura è grande e maggiori sono i dettagli richiesti. Le scale solitamente usate per il wargame sono: il 15mm, il 20mm, il 25/28mm. Agendo sulla scala della fotocopiatrice potrete facilmente quindi scalare le figura anche nelle altre misure di 20 o 15mm. I soldatini sono posti su basi di 4, 8 o 12 cm. In alcuni casi sono su base di 2 (equipaggi dei cannoni, conducenti carri ecc.) in altri rari casi su basi di 6 cm. Nel caso scegliate misure diverse, calcolate le misure indicate nelle regole di conseguenza. Ogni base di cavalleria 8cm conta da 4 a 6 unità (soldatini). La base comando 1 o due unità. Ogni base di fanteria lunga 12cm conta da 12 a 25 unità. la base comando di fanteria generalmente su 4 unità. Comandanti e bandiere singole contano una unità. Ogni base di artiglieria conta un cannone e da 3 a 5 unità. Idem per i carriaggi.

Formations: the Burgundian units were known especially for the cavalry, considered the best in Europe, but in the small fields surrounded by hills and lakes of the Swiss highlands, this weapon could not develop all the effectiveness use also because well countered by the run-in Swiss tactics in its long spades that knew how to curb the charges on horseback. Another element in favour of Burgundians was the large artillery park, which was also one of the best in Europe at the time. While the troops of the confederation were mainly made up of battalions of woodpeckers, supported by snappers and crossbowmen. To support also some pieces of artillery and little cavalry, from this war the Swiss infantry became soon considered the most fearsome in Europe and practically unbeatable. Another important advantage on the Swiss side was the fact that it was possible to fight at home on well-known terrain.

Deployment: Burgundians generally sided with infantry in the middle, and cavalry on their wings. Artillery in front. The Swiss in large masses of infantry, with cavalry and artillery in lateral support.

Game sequence:

Roll of dice to know who has the right to move first. Only six-sided dice are used in the game. Preliminary Bombardment (player A and B)
1. Movement of the first player's soldiers (A)
2. Player A shoots
3. Movement of the second player's soldiers (B)
4. Player B shoots
5. Charhes and Melee

Preliminary Bombardment: before starting the battle, both sides can bomb the enemy with their own cannons. Players alternately roll two dice for each cannon. Shots are considered to be targeted with a result of 5 or 6. Each useful shot (5 or 6) is equivalent to a hit enemy, always chosen from the infantry. If the formation is larger players will have to mark the losses each time, and when they reach the total number of soldiers present, all the formation is removed from the battlefield. Each player in alternate turns rolls the dice three times for each cannon. The preliminary bombardment phase ends once the battle has begun.

Movement: all knights and commanders move 24 cm (10"), infantry moves 12 cm (5"). Cannons can move 4 cm (1.5").

Shooting: archers, arquebusiers and crossbowmen can strike within a range of 32 cm (13"). Roll one die for each infantry formation (on a base of 8 or 12 or two of 4) and calculate an enemy loss for each die with result 5 or 6 within a range within 15 cm (6") or a loss only with result 6 beyond that distance. Melee Infantry may not hit anyone with a firearm and may not be targeted by anyone. After

Formazioni: le unità borgognone erano celebri soprattutto per la cavalleria, considerata la migliore d'Europa, tuttavia nei campi ristretti immersi fra colline e laghi degli altipiani svizzeri, quest'arma non potette sviluppare tutta la usa efficacia anche perché ben contrastata dalla rodata tattica svizzera nell'suo di lunghe picche che sapevano ben frenare le cariche a cavallo. Altro elemento a favore dei borgognoni era l'ampio parco di artiglierie, anch'esse fra le migliori d'Europa del periodo. Mentre le truppe della confederazione erano costituite soprattutto da battaglione di picchieri, appoggiati da schioppettieri e balestrieri. A supporto anche alcuni pezzi di artiglieria e poca cavalleria, tuttavia la fanteria svizzera, proprio a partire da questa guerra divenne presto considerata la più temibile d'Europa e praticamente imbattibile. Altro vantaggio non secondario dalla parte elvetica era dato dal fatto di combattere in casa su terreni ben conosciuti.

Schieramento : I borgognoni si schieravano generalmente con la fanteria nel mezzo e la cavalleria alle ali. Sopravanzati dall'artiglieria posta davanti. Gli svizzeri in grosse masse di fanteria, con cavalleria e artiglieria a supporto laterale.

Sequenza di gioco:

Tiro di dadi per sapere chi ha diritto a muovere per primo. Nel gioco si utilizzano solo dadi a sei facce. Bombardamento preliminare (giocatore A e B)
1. Spostamento dei soldatini del primo giocatore (A)
2. Spari/lanci di dardi e frecce del giocatore A
3. Spostamento dei soldatini del secondo giocatore (B)
4. Spari/lanci di dardi e frecce del giocatore B
5. Cariche e Mischia

Bombardamento preliminare: prima dell'inizio della battaglia entrambe le parti possono bombardare il nemico con i loro cannoni. I giocatori a turno tirano due dadi per ogni cannone. I colpi sono considerati a bersaglio con risultato di 5 o 6. vengono segnati su un tiro di 5 o 6. Ogni colpo utile (5 o 6) equivale a un nemico colpito, sempre scelto fra la fanteria, se la formazione è più grossa i giocatori dovranno segnare le perdite di volta in volta, quando esse raggiungono il totale dei soldati presenti, tutta la formazione viene rimossa dal campo di battaglia. Ogni giocatore a turni alternati tira i dadi per tre volte per ogni cannone. La fase di bombardamento preliminare cessa dopo l'inizio della battaglia.

Movimento: tutti i cavalieri e i comandanti si muovono di 24 cm (10"), la fanteria si muove di 12 cm (5"). I cannoni possono muovere di 4 cm (1,5").

Tiro: Arcieri, schioppettieri e balestrieri possono colpire in un raggio di 32 cm (13").tirare un dado per ogni formazione di fanteria (su base 8 o 12 o due da 4) e calcolare una perdita nemica per ogni dado con risultato 5 o 6 in un raggio entro 15cm (6") o di una perdita solo con risultato

the start of the battle the cannons can always fire by rolling one die per cannon, always hitting only with a 6 per cannon, but remember that the cannons can not fire on units in melee.

Melee: you only get melee after a charge. Charging requires a distance of 13 cm (6") for infantry, and 25 cm (11") for cavalry and/or commanders. In the scrum, a die must be thrown for every 4 cm of formation. The following results apply (summarised in the table below): archers and crossbowmen with 6, other infantry, halberdiers, lancers etc. with 5 and 6, knights and commanders with 4, 5 and 6. Each point reached is equivalent to an enemy loss. In the scrum both contenders roll the dice at the same time and piously remove together the losses inflicted on the opponent. If the melee parties still have valid supports for the fight, they continue the fight in the next round. When only one last unit (at least 4 cm) remains, it is removed from the battlefield at its first loss. Cannon crews do not fight for their cannon, the crew is automatically removed if they are contacted by an infantry or cavalry enemy unit. The enemy may then assign infantry or artillery support to operate the captured cannon.

Commanders: commanders are represented by individual cavalry figures or in a command stand with flag. They may join a unit to help them during a melee. A unit working with the commander rolls two more dice in the scrum phase. However, commanders in a melee risk becoming victims. In these cases, the opponent can roll a die after the melee rolls, and if he gets a 6, the opponent's commander can be eliminated. This is the only way to eliminate a commander from the game, in all other cases they can neither be hit nor attacked in melee if they are not with a normal unit.

Bibliography and web sources:

- Morat 1476 – la guerra all'ultimo sangue fra Carlo il temerario e i confederati svizzeri - Soldiershop 2019 by Luca Stefano Cristini.

-Charles the Bold: The Last Valois Duke of Burgundy, Vaughan, Richard (1973), London: Longman Group

-*Geschichte der Schweiz*. Hier jetzt Verlag, di Thomas Maissen Baden 2010, S. 60.

-*The battle of Murten.* Schnerb, Bertrand (2012). In Rogers, Clifford (ed.). *Oxford University Press*

Alternative wargame Rules in English and Italian

-Impetus o Basic Impetus 2.0 publish by dadi e piombo. L.Sartori. www.dadiepiombo.com

-Wargame rules Rasenna by Riccardo Affinati, https://www.facebook.com/notes/rasenna-italia/rasenna-le-varie-espansioni/713454012431211/

6 oltre tale distanza. Fanteria in mischia non può colpire nessuno con armi da tiro ne può venire bersagliata da nessuno. Dopo l'inizio della battaglia i cannoni possono sempre sparare tirando un dado per cannone, colpendo sempre e solo con un sei per cannone, ricordate però che i cannoni non possono sparare su unità in mischia.

Mischia: si ottiene la mischia o il corpo a corpo solo dopo una carica. Per caricare serve una distanza di 13 cm (6") per la fanteria, e di 25 cm (11") per la cavalleria e/o i comandanti. Nella mischia va lanciato un dado da sei ogni 4 cm di formazione. Valgono i seguenti risultati (riepilogati poi in tabella); arcieri e balestrieri con 6, altra fanteria, alabardieri, lancieri ecc. con 5 e 6, cavalieri e comandanti con 4,5 e 6. Ogni punto raggiunto equivale ad una perdita nemica. Nella mischia entrambi i contendenti tirano i dadi allo stesso tempo e pio tolgono insieme le perdite inflitte all'avversario. Se le parti in mischia hanno ancora dei supporti validi per il combattimento continuano la mischia nel turno successivo. Quando rimane solo un'ultima unità (di almeno 4 cm) essa viene tolta dal campo di battaglia alla prima perdita subita. Gli equipaggi di cannoni non combattono per il loro cannone, l'equipaggio viene automaticamente rimosso se vengono contattati da un'unità nemica di fanteria o cavalleria. Il nemico può a quel punto assegnare un supporto di fanteria o di suoi artiglieri per azionare il cannone catturato.

Comandanti: i comandanti sono rappresentati da singole figure di cavalleria o in un supporto comando con bandiera. Possono unirsi a un'unità per aiutarli durante una mischia. Una unità che opera con il comandante lancia altri due dadi nella fase di mischia. I comandanti che partecipano a una mischia rischiano però di diventare vittime. L'avversario, in questi casi può tirare un dado dopo i tiri di mischia, e se ottiene un tiro da 6 il comandante avversario può essere eliminato. Questo è l'unico modo per eliminare dal gioco un comandante, in tutti gli altri casi essi non possono essere né colpiti ne attaccati in mischia se gli stessi non sono con un'unità normale.

Bibliografia e risorse web:

- Morat 1476 – la guerra all'ultimo sangue fra Carlo il temerario e i confederati svizzeri - Soldiershop 2019 di Luca Stefano Cristini.
-Charles the Bold: The Last Valois Duke of Burgundy, Vaughan, Richard (1973), London: Longman Group
-*Geschichte der Schweiz*. Hier jetzt Verlag, di Thomas Maissen Baden 2010, S. 60.
-*The battle of Murten.* Schnerb, Bertrand (2012). In Rogers, Clifford (ed.). *Oxford University Press*

-Regole alternative in italiano e inglese: Impetus o Basic Impetus 2.0 edito da dadi e piombo. L.Sartori. www.dadiepiombo.com
-Regolamento wargame Rasenna a cura di Riccardo Affinati, https://www.facebook.com/notes/rasenna-italia/rasenna-le-varie-espansioni/713454012431211/

WARGAME TABLES

Movements overview	
Unit	Movement
Cavalry and Commanders	24 cm (10")
Infantry	12 cm (5")
Cannons	4 cm (1,5")

Shooting range overview			
Unit	Range	Dice per Stand	To Hit
Archers, crossbowmen and arquebusiers	Just to 15 cm (6")	1	5 or 6
Archers, crossbowmen and arquebusiers	Just to 32 cm (13")	1	6
Cannons	No limit	1	5 or 6

Melee overview		
Unit	Dice per Stand	To hit
Archers, crossbowmen	1	6
Other infantry	1	5 or 6
Cavalry	1	4, 5 or 6
Commanders	1	4, 5 or 6

TABELLE WARGAME

Riepilogo movimenti	
Unità	Movimento
Cavalleria e comandanti	24 cm (10")
Fanterie	12 cm (5")
Cannoni	4 cm (1,5")

Riepilogo tiro archi, balestre e fuoco schioppettieri			
Unità	Distanza	Dado da sei	Colpito con
Arcieri, balestrieri e schioppettieri	fino a 15 cm (6")	1	5 o 6
Arcieri, balestrieri e schioppettieri	fino a 32 cm (13")	1	6
Cannoni	No limit	1	5 o 6

Riepilogo mischia		
Unità	Dado da sei	Colpito con
Arcieri e balestrieri	1	6
Altra fanteria	1	5 o 6
Cavalleria	1	4, 5 o 6
Comandanti	1	4, 5 o 6

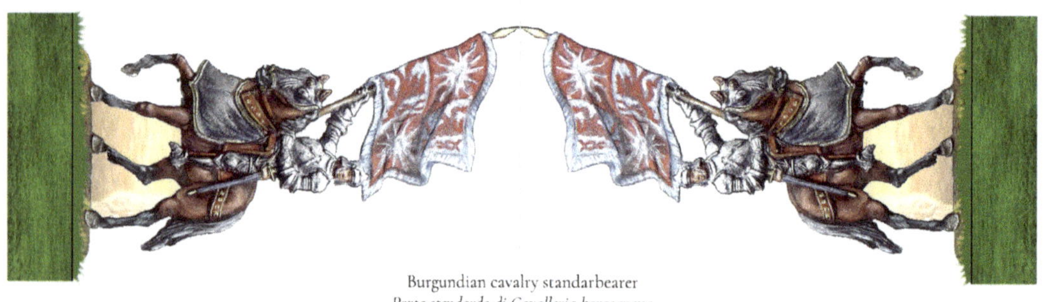

Burgundian cavalry standarbearer
Porta stendardo di Cavalleria borgognona

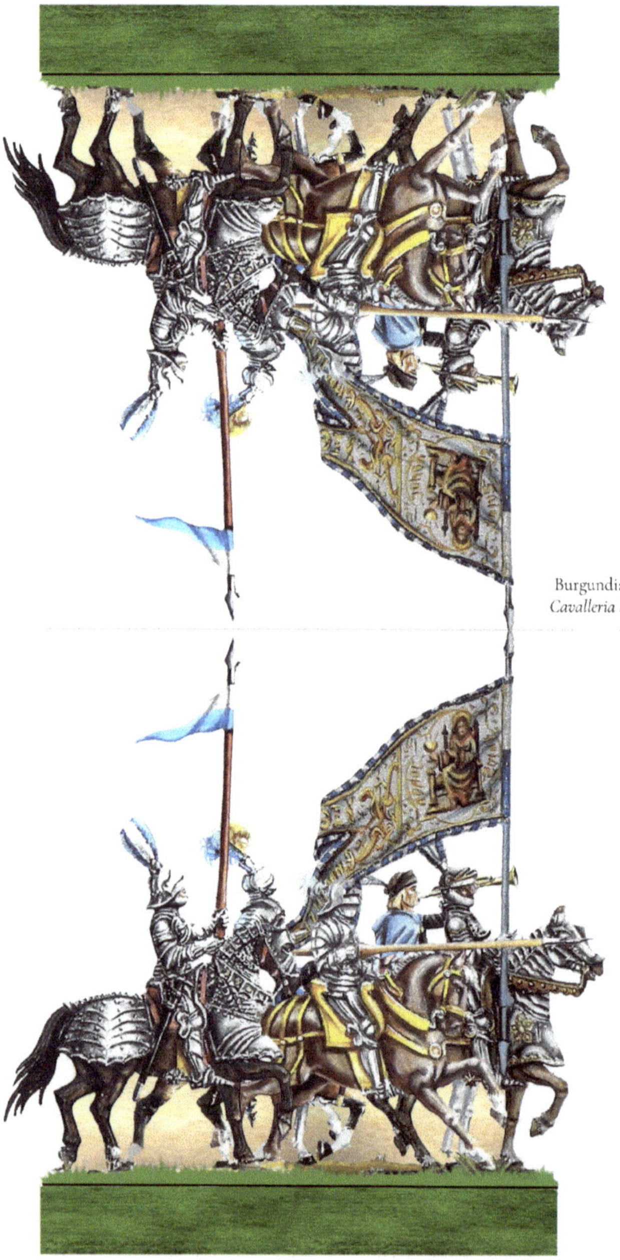

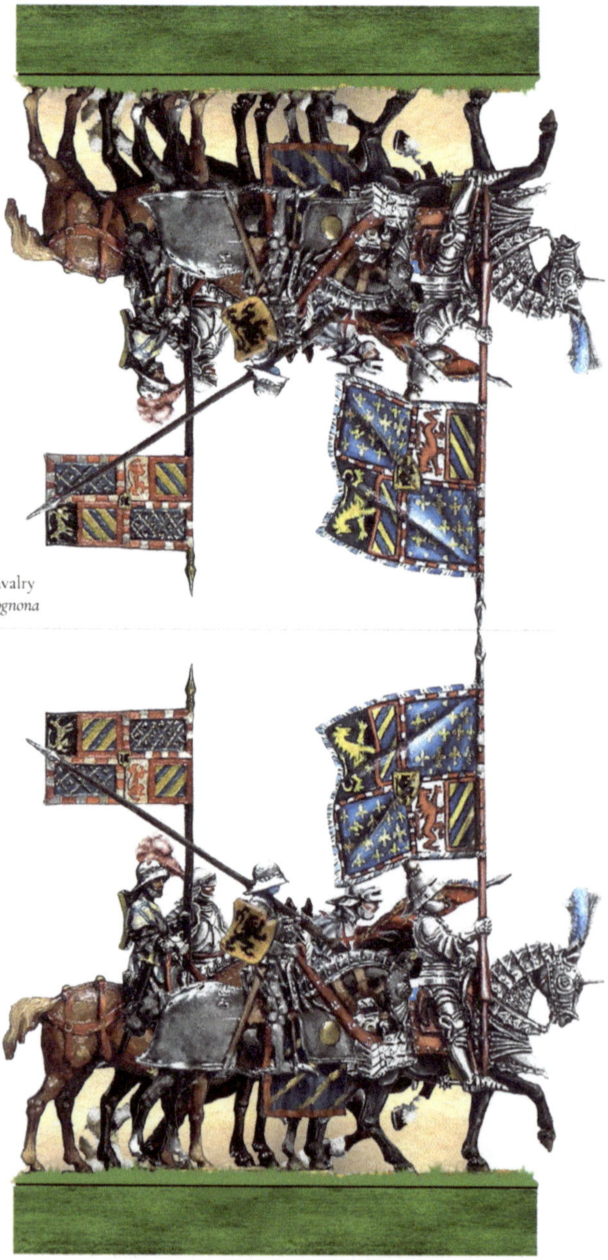

Burgundian cavalry
Cavalleria borgognona

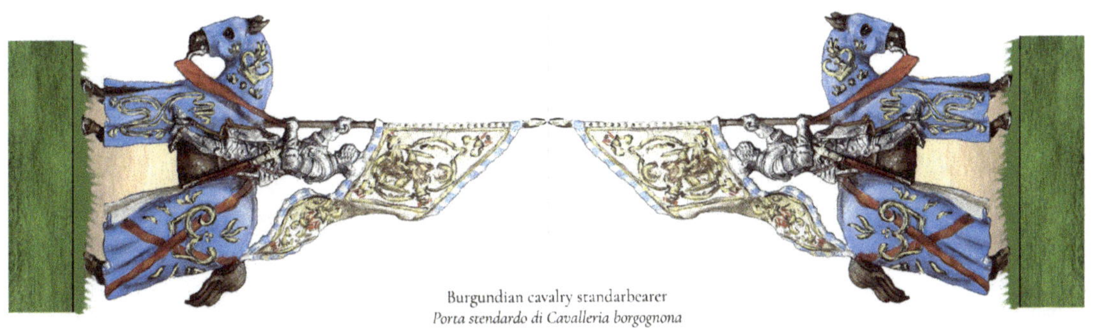

Burgundian cavalry standarbearer
Porta stendardo di Cavalleria borgognona

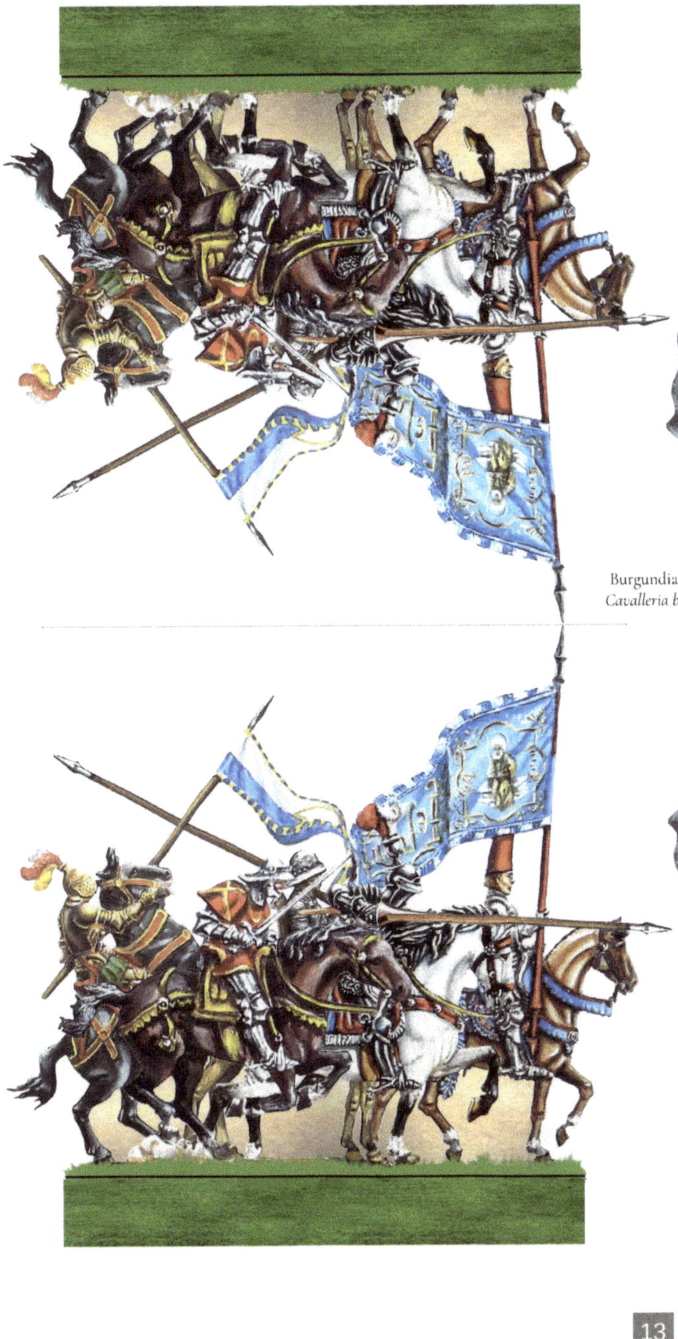

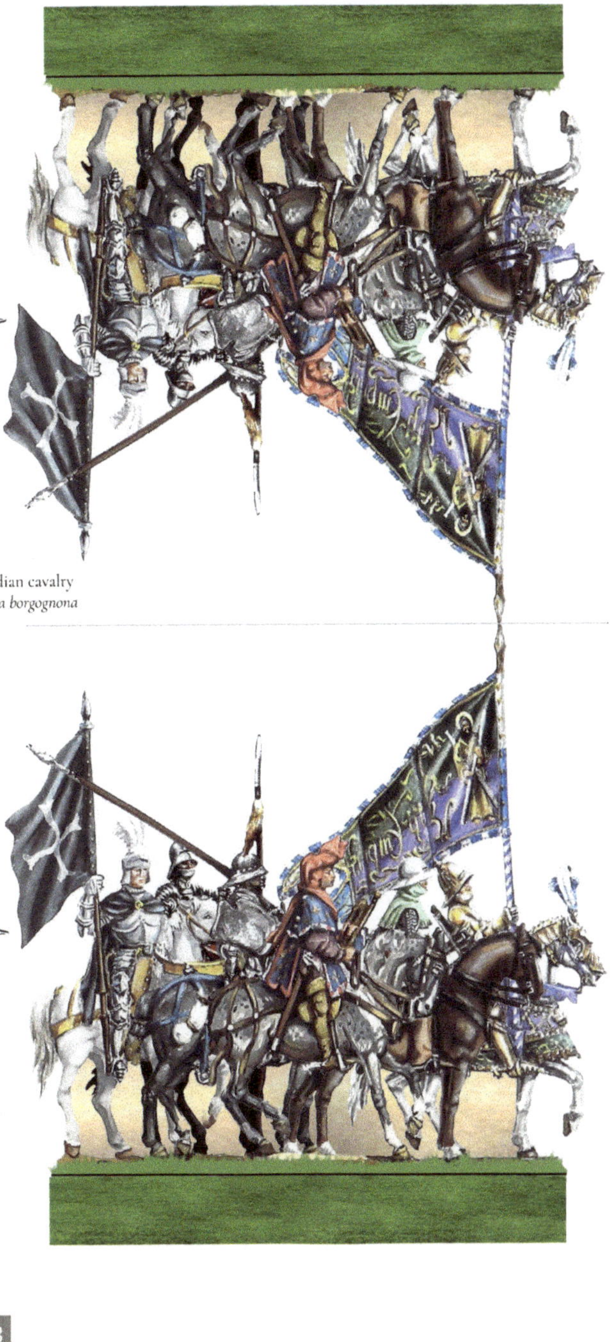

Burgundian cavalry
Cavalleria borgognona

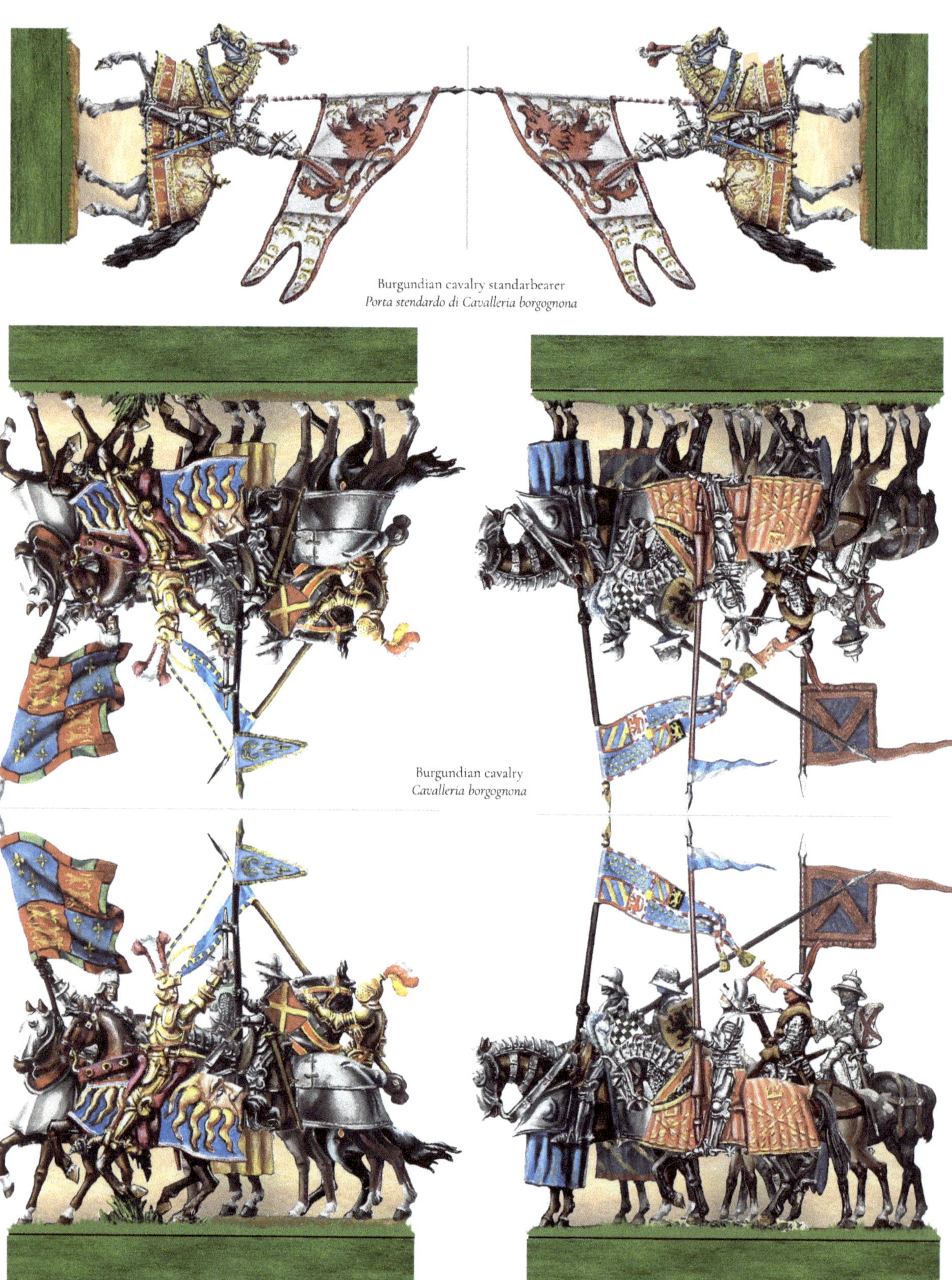

Burgundian cavalry standarbearer
Porta stendardo di Cavalleria borgognona

Burgundian cavalry
Cavalleria borgognona

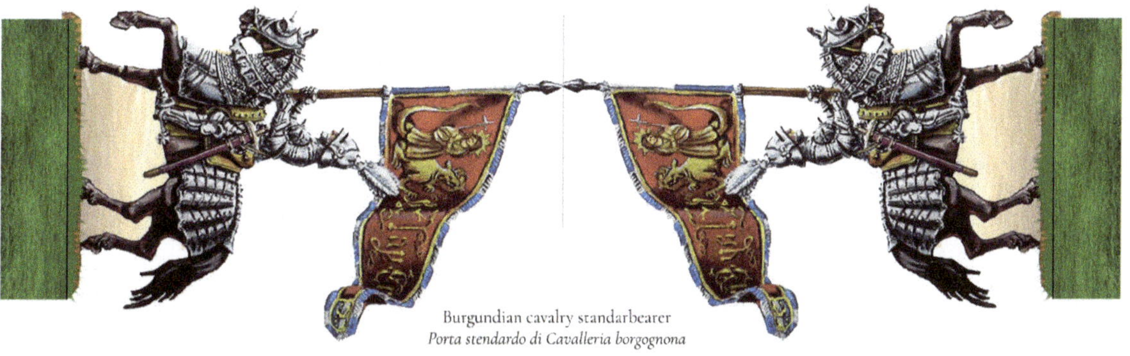

Burgundian cavalry standarbearer
Porta stendardo di Cavalleria borgognona

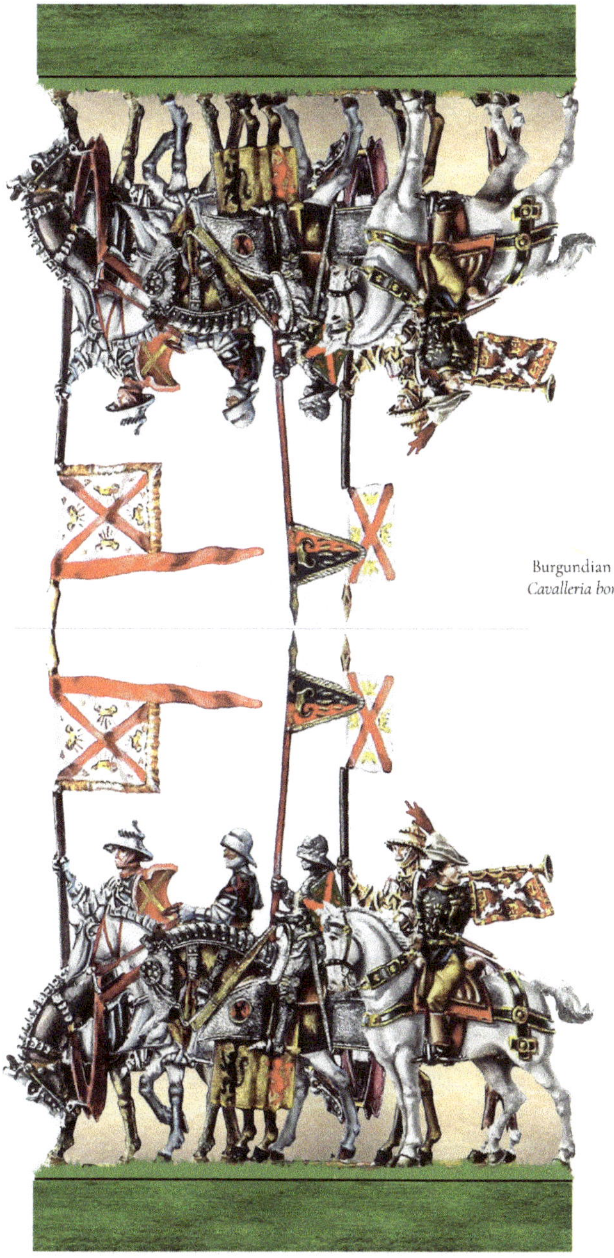

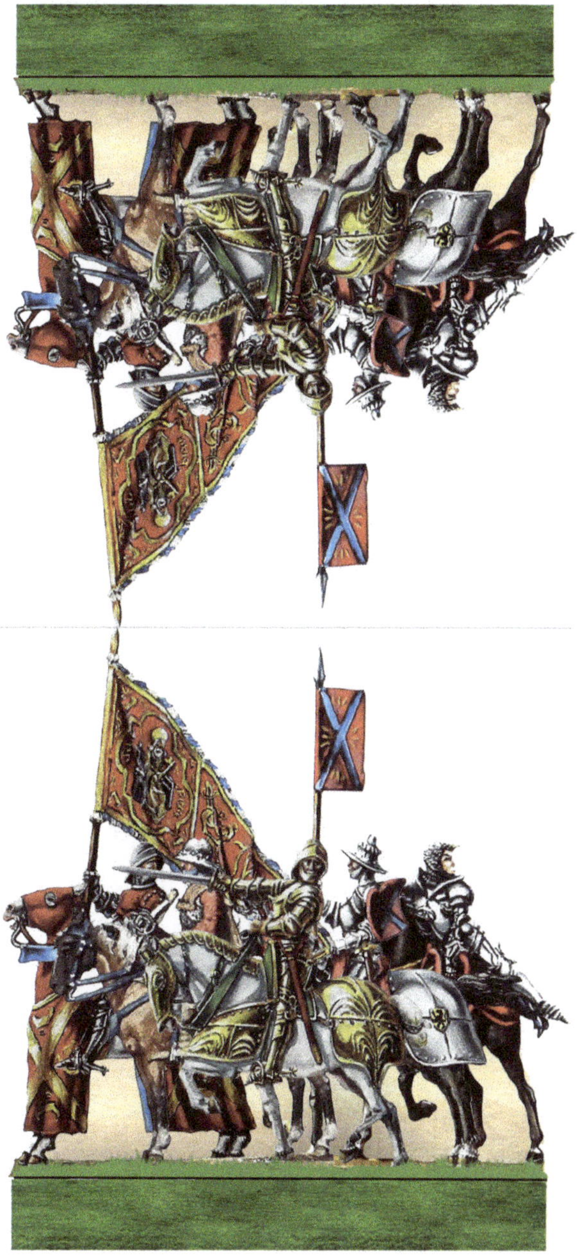

Burgundian cavalry
Cavalleria borgognona

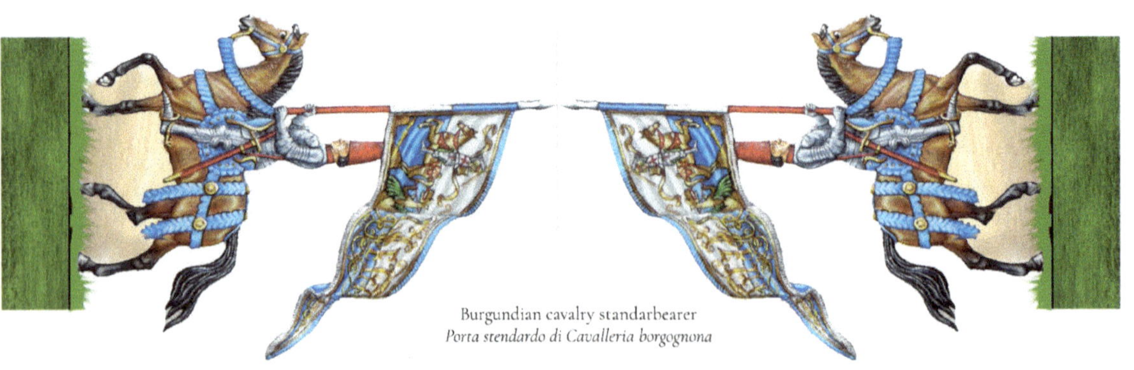

Burgundian cavalry standarbearer
Porta stendardo di Cavalleria borgognona

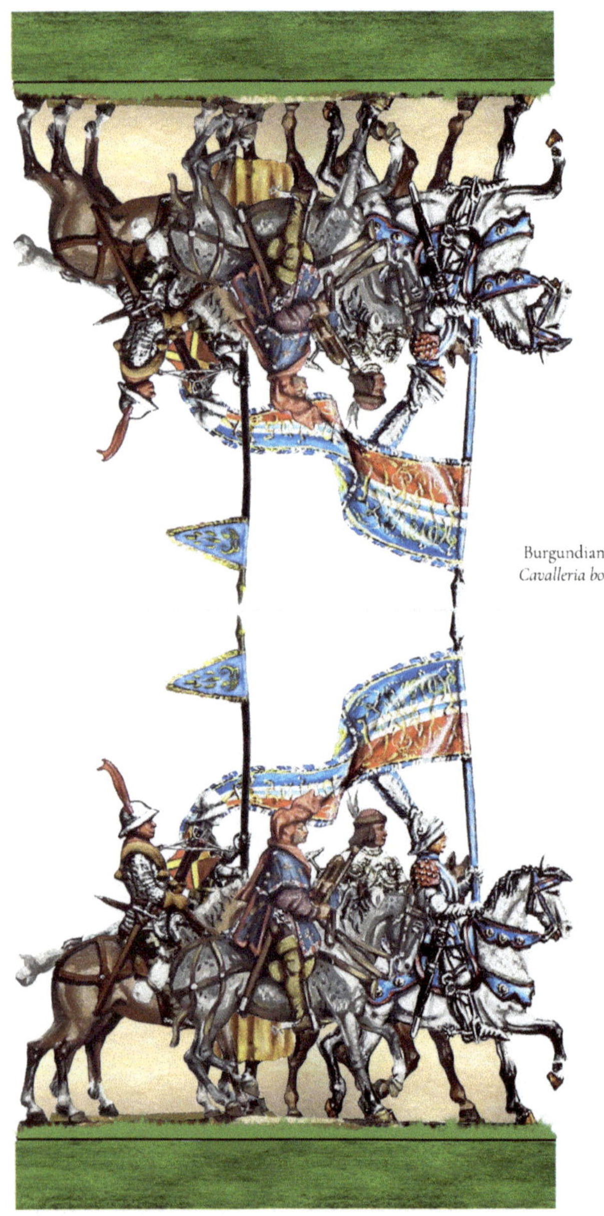

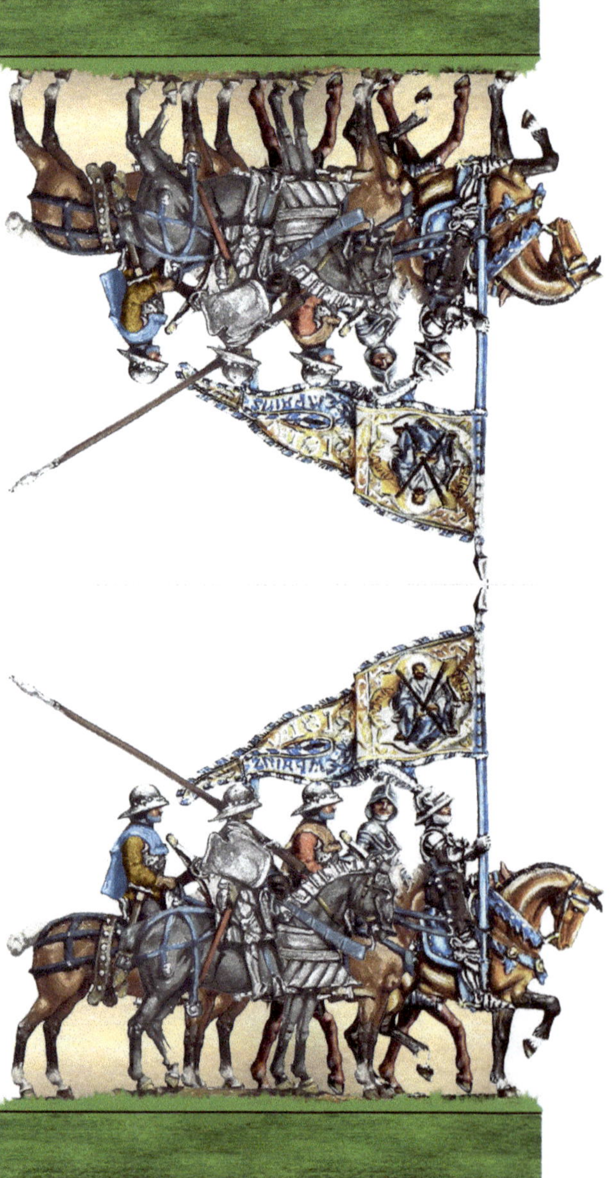

Burgundian cavalry
Cavalleria borgognona

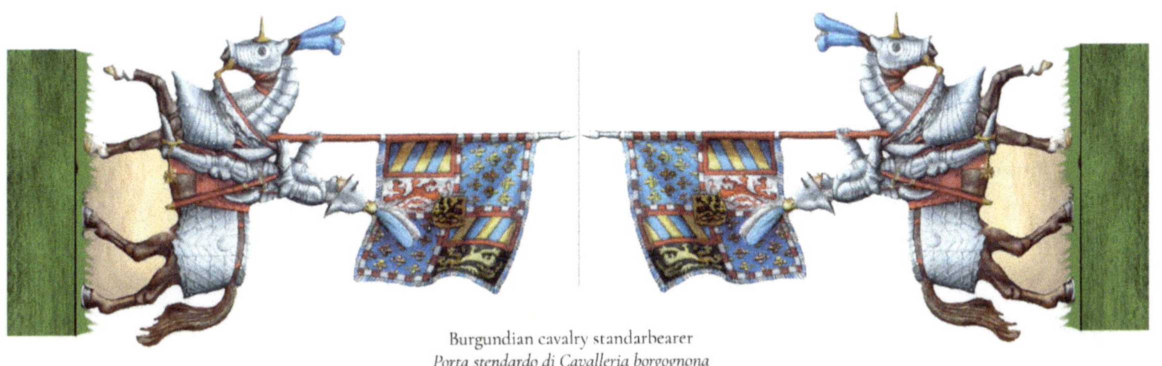

Burgundian cavalry standarbearer
Porta stendardo di Cavalleria borgognona

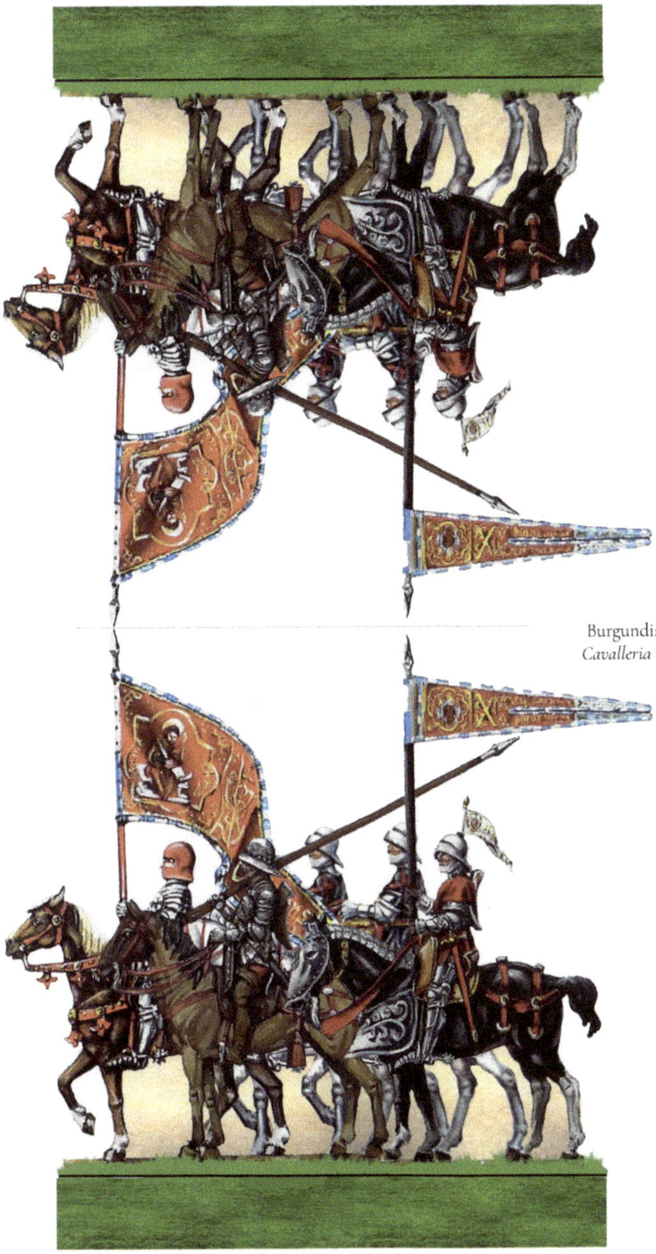

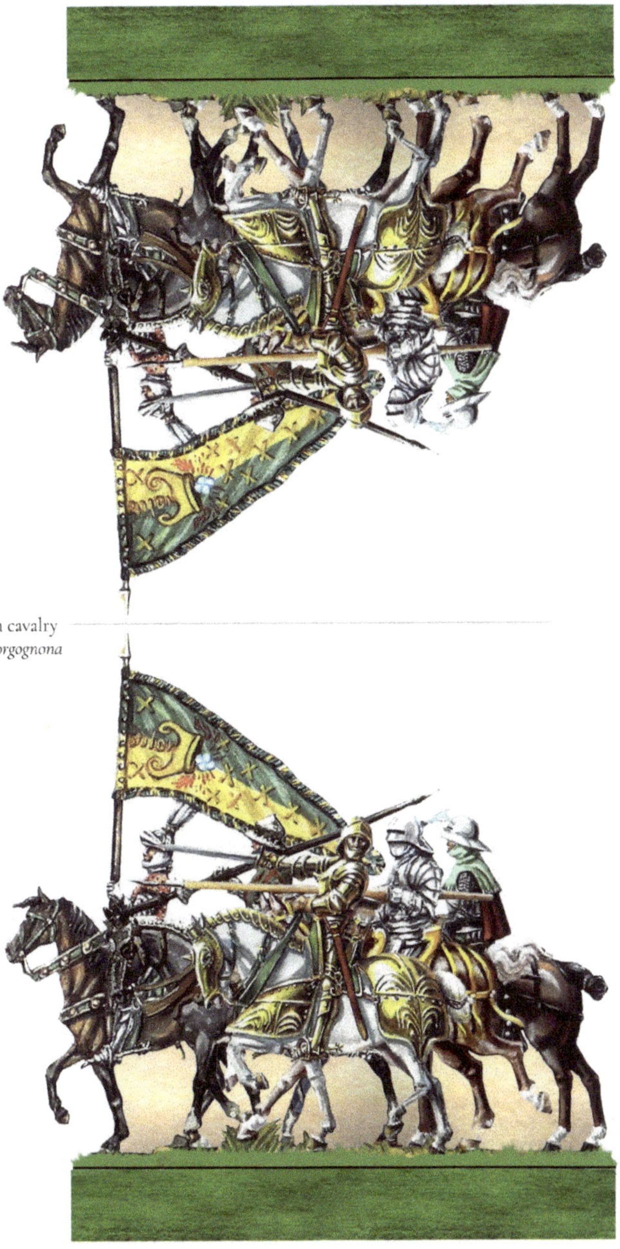

Burgundian cavalry
Cavalleria borgognona

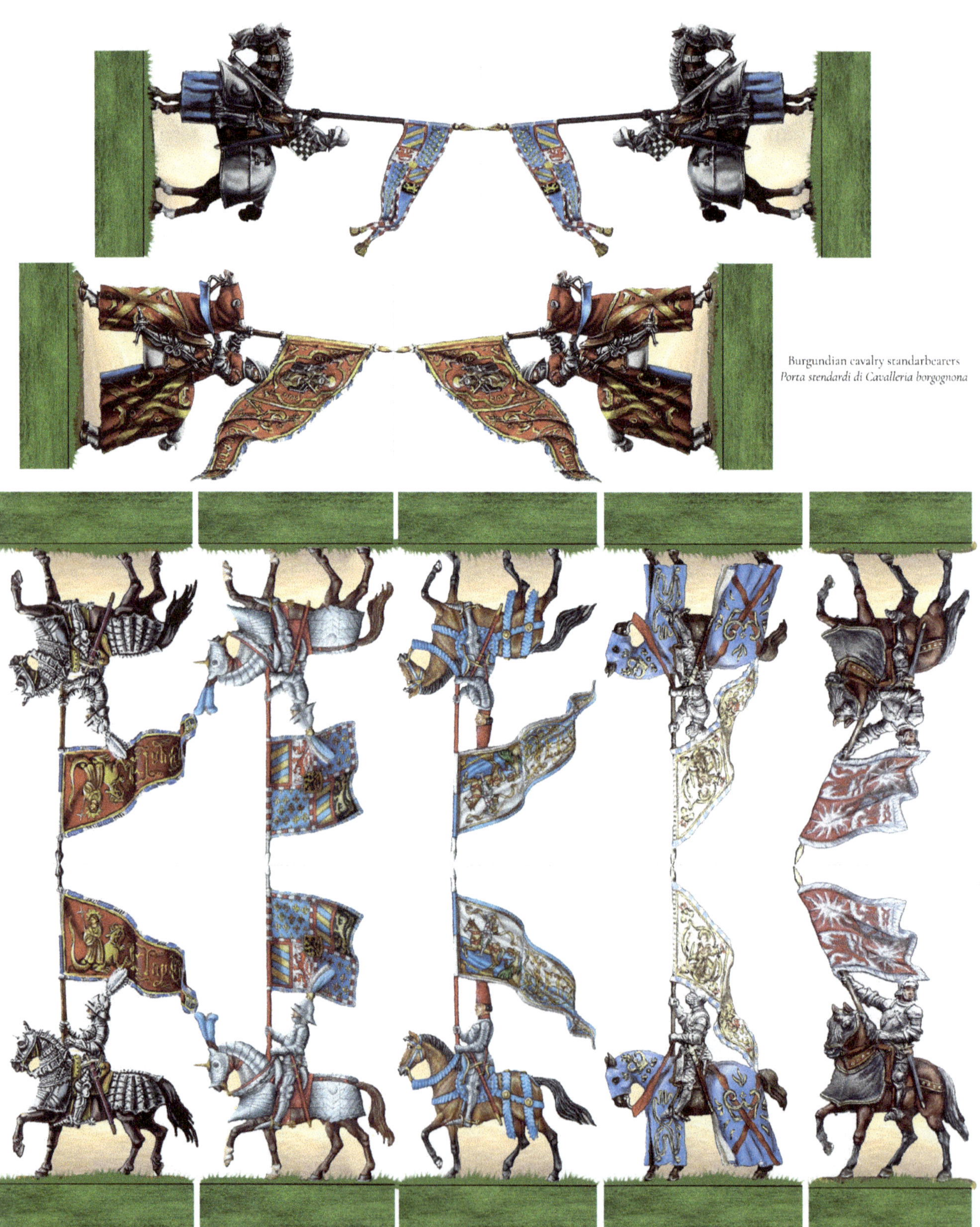

Burgundian cavalry standarbearers
Porta stendardi di Cavalleria borgognona

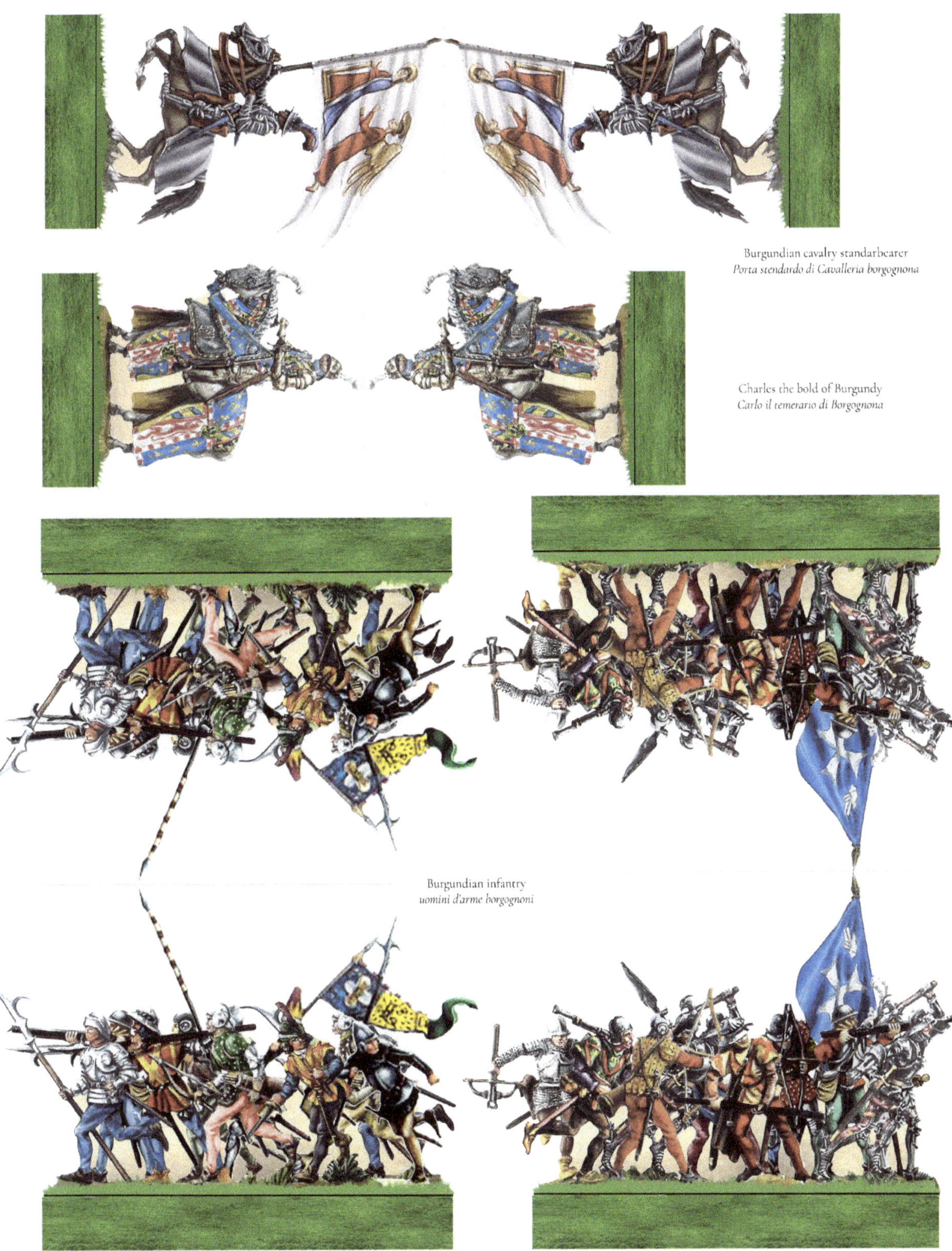

Burgundian cavalry standarbearer
Porta stendardo di Cavalleria borgognona

Charles the bold of Burgundy
Carlo il temerario di Borgognona

Burgundian infantry
uomini d'arme borgognoni

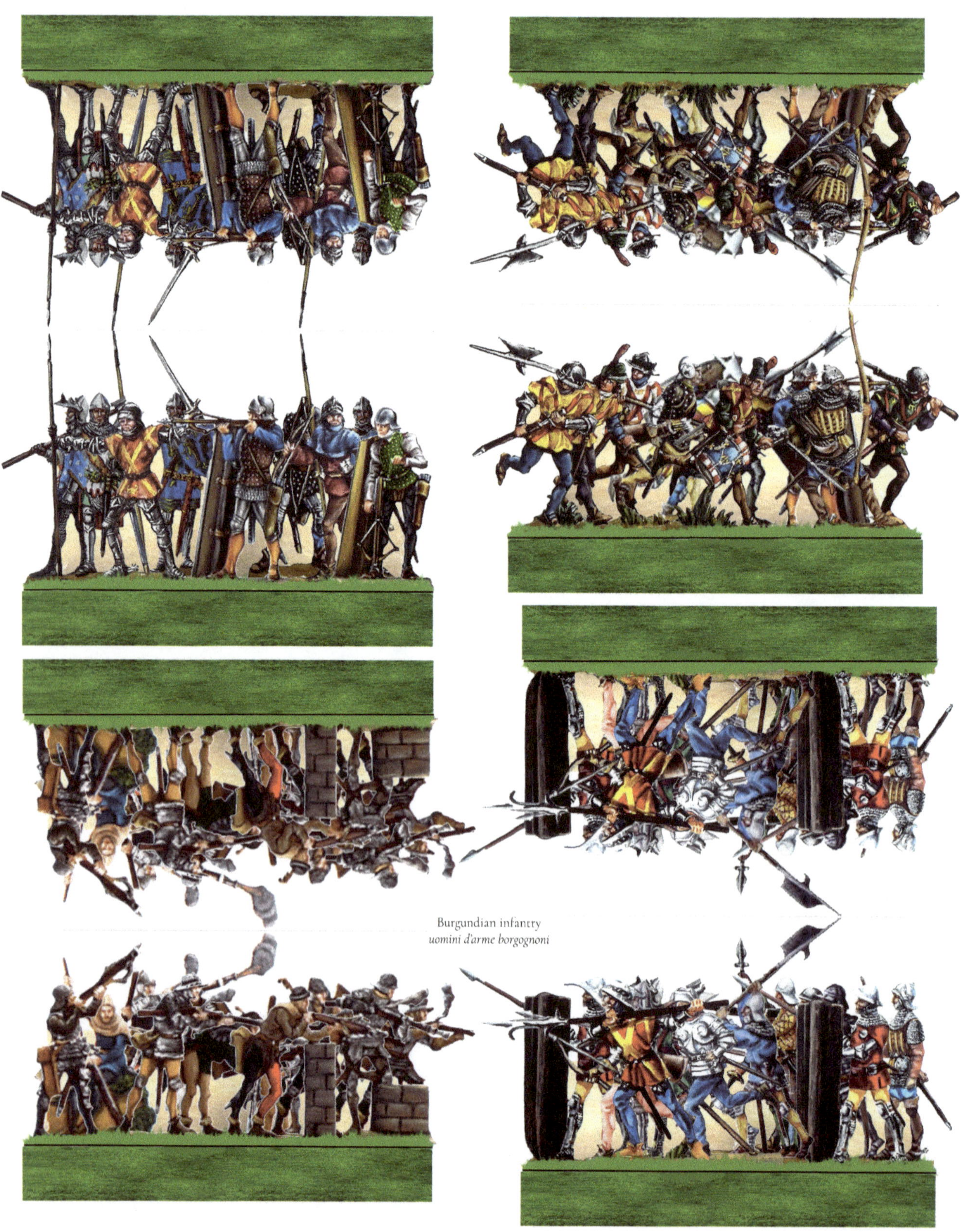

Burgundian infantry
uomini d'arme borgognoni

THE ARMY OF BURGUNDIAN AND SWISS IN XV CENT.
GLI ESERCITI SVIZZERI E BORGOGNONI DEL XV SECOLO

THE BURGUNDIAN ARMY

To counter the fearsome Swiss who had dared to challenge him, Charles the Bold prepared an army in various combinations and well armed with about 30,000 men, composed of heavy Burgundian cavalry, Flemish heavy infantry fighters, Italian light infantry crossbowmen, German archibougiers or snappers and English light infantry archers on horseback. As is customary, Burgundian armies were small, and were therefore reinforced by full-bodied contingents of mercenaries who constituted at least 30% of any force. However, the Duke soon understood that to win he had to organize himself better and better. From the early seventies of the fifteenth century, Burgundy equipped itself with permanent troops in mixed units (companies) of heavy cavalry, heavy infantry and archers of light infantry, crossbowmen and muskets, supported by the best cannons available then. With the intention of increasingly modernising his army, Duke Charles also issued detailed instructions or military ordinances in order to standardise the use of uniforms, armour and weapons for each man and grouping them under captains prepared in modern companies organised in numbered series. In 1473, these companies counted 900 men, composed of four squadrons, each of which was supported by 25 men of arms (heavy cavalry), 25 light cavalry, a hundred squires and light archers on horseback. The supporting infantry consisted of contingents of 25 crossbowmen, 25 woodpeckers and 25 snappers.

Charles' aggressive strategy of seeking the battle was not optimal for stubbornness to seek confrontation with a motivated enemy who fought to protect his homeland. However, his tactical idea of combining cavalry, artillery and infantry will soon become a model for European armies for centuries to come.

L'ESERCITO BORGOGNONE

Per contrastare i temibili svizzeri che avevano osato sfidarlo, Carlo il Temerario approntò un esercito variamente combinato e ben armato di circa 30.000 uomini, composto da cavalleria pesante borgognone, picchieri fiamminghi di fanteria pesante, balestrieri italiani di fanteria leggera, archibugieri o schioppettieri tedeschi e arcieri di fanteria leggera inglesi a cavallo. Come consuetudine gli eserciti borgognoni erano piccoli, erano pertanto rinforzati da contingenti corposi di mercenari che costituivano almeno il 30% di qualsiasi forza. Tuttavia il Duca capì presto che per vincere egli si doveva organizzare sempre meglio. A partire dai primi anni 70 del quattrocento la Borgogna si dotò di truppe permanenti in unità miste (compagnie) di cavalleria pesante, fanteria pesante e arcieri di fanteria leggera, balestrieri e moschetti, supportati dai migliori cannoni allora disponibili. Con l'intento di modernizzare sempre più la sua armata, il duca Carlo emanò anche dettagliate istruzioni o ordinanze militari allo scopo di standardizzare l'uso di uniformi, armature e armi per ogni uomo e raggruppandole sotto capitani preparati in compagnie modernamente organizzate in serie numerate. Nel 1473 queste Compagnie d'ordonnance contavano 900 uomini, composta da quattro squadroni, ognuno dei quali veniva supportato da 25 uomini d'armi (cavalleria pesante), 25 cavalleggeri, un centinaio fra scudieri e arcieri leggeri a cavallo. La fanteria a supporto era composta da contingenti di 25 balestrieri, 25 picchieri e 25 schioppettieri. La strategia aggressiva di Carlo di cercare la battaglia cozzò anche per la testardaggine di cercare lo scontro con un nemico motivato che combatteva per proteggere la sua terra natale. Tuttavia, la sua idea tattica che combinava cavalleria, artiglieria e fanteria diventerà presto un modello per gli eserciti europei per i secoli a venire.

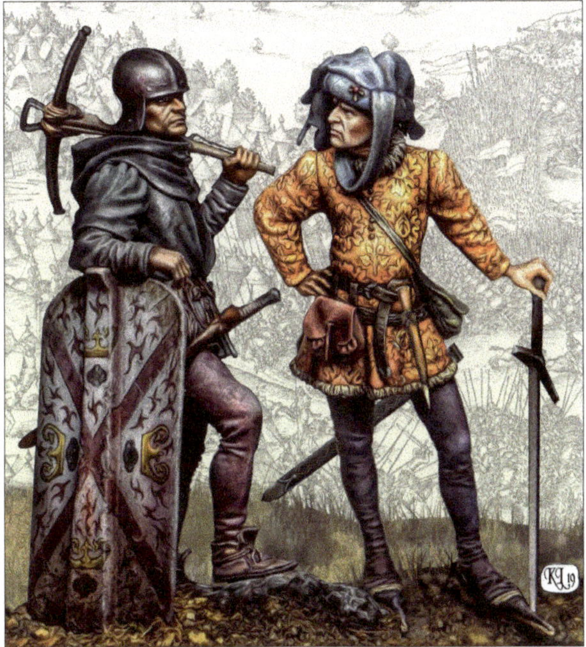

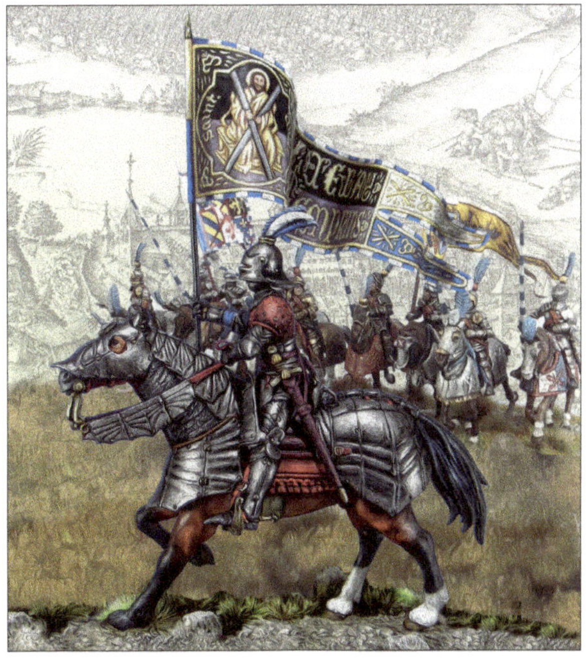

THE SWISS ARMY

Despite a tactical system based on common armaments, the new army model of the Burgundian Duke was not able to match the exemplary discipline of the Swiss. Charles' failure was therefore caused by facing the best heavy infantry in Europe. The armies of the Swiss militia were large, numerous and heavy, and yet they managed to assemble quickly, always with chronometric Swiss organization. The reputation of the already high Swiss tactical system was further strengthened in the campaigns against the Duke of Burgundy, and after his death in Nancy in 1477, which put an end to the Burgundian wars, the Swiss acquired the reputation of invincibility that lasted at least until the battle of Marignano in 1515. They invented a heavy tactical system that ensured that their infantry would be able to withstand the cavalry charges but also engage positively in the sieges. Disciplined and well-framed, the Swiss battalion was capable of both offensive and defensive maneuvers. And as had happened decades before to the fame achieved by the English long arches after Azincourt, the Swiss heavy infantry found itself in great demand on all the battlefields of Europe. Starting with the King of France, who was struck by the success of the Swiss in the wars against Burgundy, Louis XI added thousands of Swiss mercenaries armed with halberds and a few years later an elite Swiss force became the personal guard of the King of France with the epic name of Garde des Cent Suisses. At the end of the medieval period, the Swiss method of fighting spread and was copied throughout Western Europe.

L'ESERCITO SVIZZERO

Nonostante un sistema tattico basato su armamenti comuni, il nuovo modello di esercito del duca borgognone non fu in grado di pareggiare l'esemplare disciplina degli svizzeri. Il fallimento di Carlo fu quindi provocato dall'affrontare la migliore fanteria pesante in Europa. Gli eserciti della milizia svizzera erano grandi, numerosi e pesanti e che tuttavia riuscivano a radunarsi rapidamente, sempre con cronometrica organizzazione elvetica.

La reputazione del sistema tattico svizzero, gia alta fu ulteriormente rafforzata nelle campagne contro il duca di Borgogna, e dopo la sua morte a Nancy nel 1477 che pose fine alle guerre borgognone, gli svizzeri acquisirono la reputazione di invincibilità che durò almeno fino alla battaglia di Marignano nel 1515. Inventarono un pesante sistema tattico che assicurava alla loro fanteria di resistere egregiamente alle cariche di cavalleria ma anche di impegnarsi positivamente negli assedi. Disciplinato e ben inquadrato il battaglione svizzero era capace di manovre indifferentemente offensive o di difesa. E come era accaduto decenni prima alla fama raggiunta dagli archi lunghi inglesi dopo Azincourt, la fanteria pesante svizzera si trovò richiestissima su tutti i campi di battaglia dell'Europa. A partire dal re di Francia, che colpito dal successo degli svizzeri nelle guerre contro la Borgogna, Luigi XI aggiunse migliaia i mercenari svizzeri armati di alabarda e pochi anni dopo una forza d'élite svizzera divenne la guardia personale del re di Francia con l'epico nome di Garde des Cent Suisses. Alla fine del periodo medievale, il metodo di combattimento svizzero si diffuse e venne copiato in tutta l'Europa occidentale.

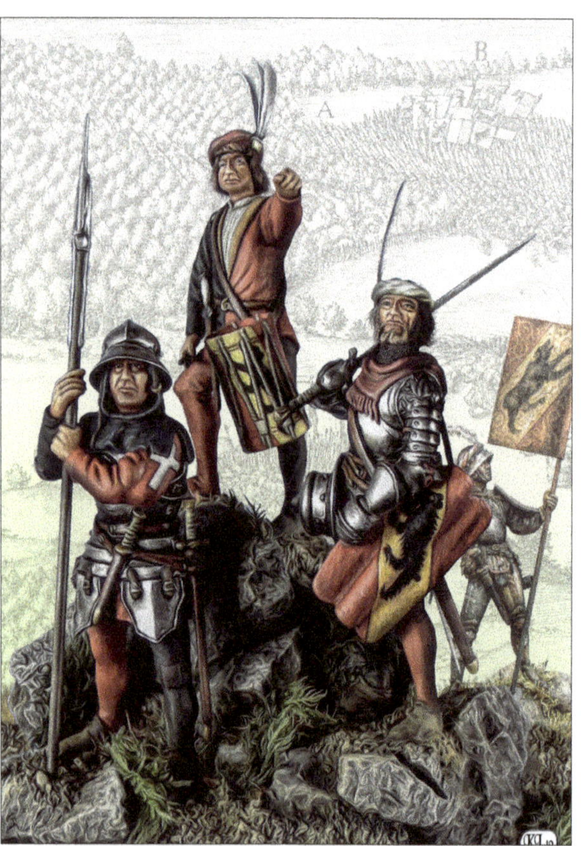

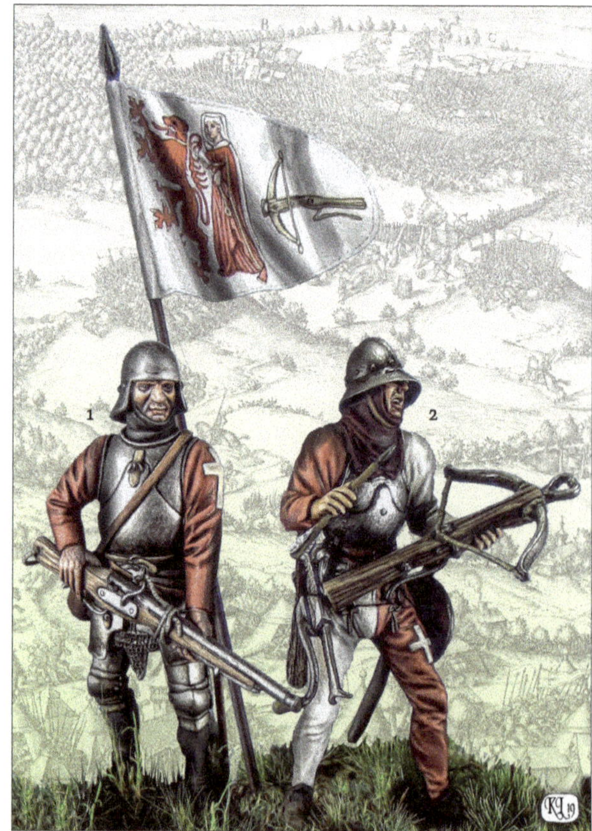

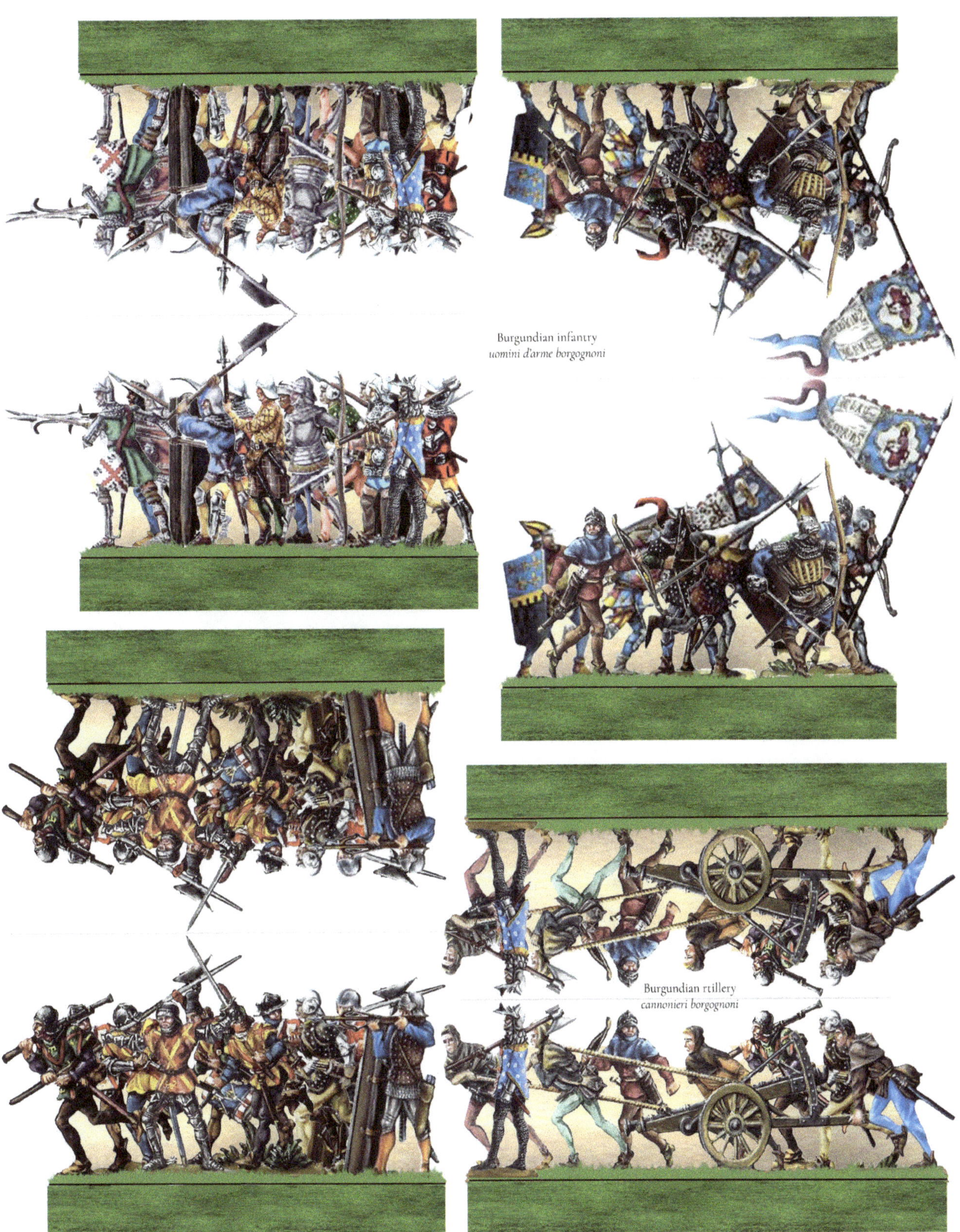

Burgundian infantry
uomini d'arme borgognoni

Burgundian rtillery
cannonieri borgognoni

XV century artillery guns - Cannoni in uso nel tardo medioevo

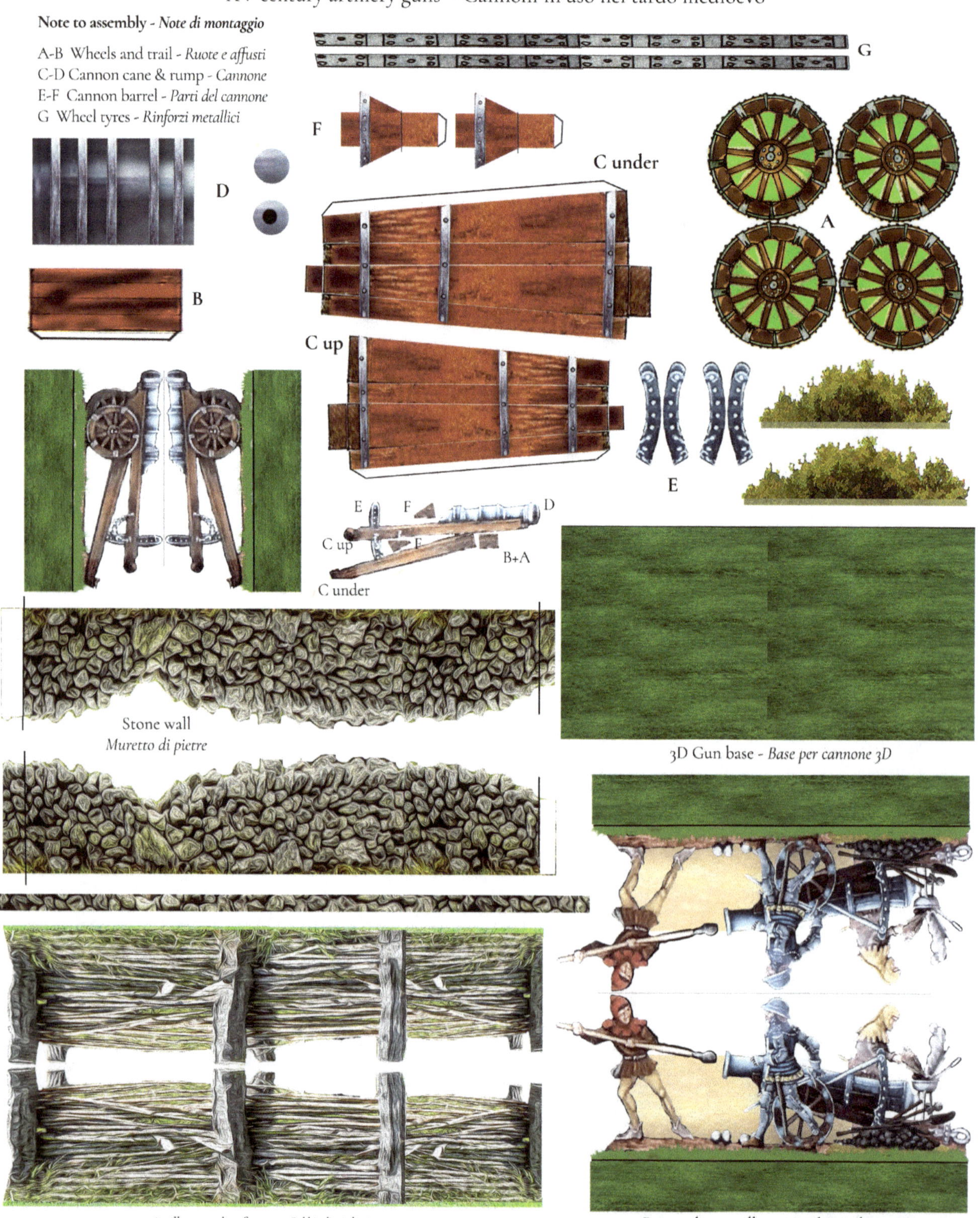

Note to assembly - *Note di montaggio*

A-B Wheels and trail - *Ruote e affusti*
C-D Cannon cane & rump - *Cannone*
E-F Cannon barrel - *Parti del cannone*
G   Wheel tyres - *Rinforzi metallici*

Stone wall
Muretto di pietre

3D Gun base - *Base per cannone 3D*

Artillery meadow fences - *Gabbie d'artiglieria*

Burgundian artillery - *Artilgieria borgognona*

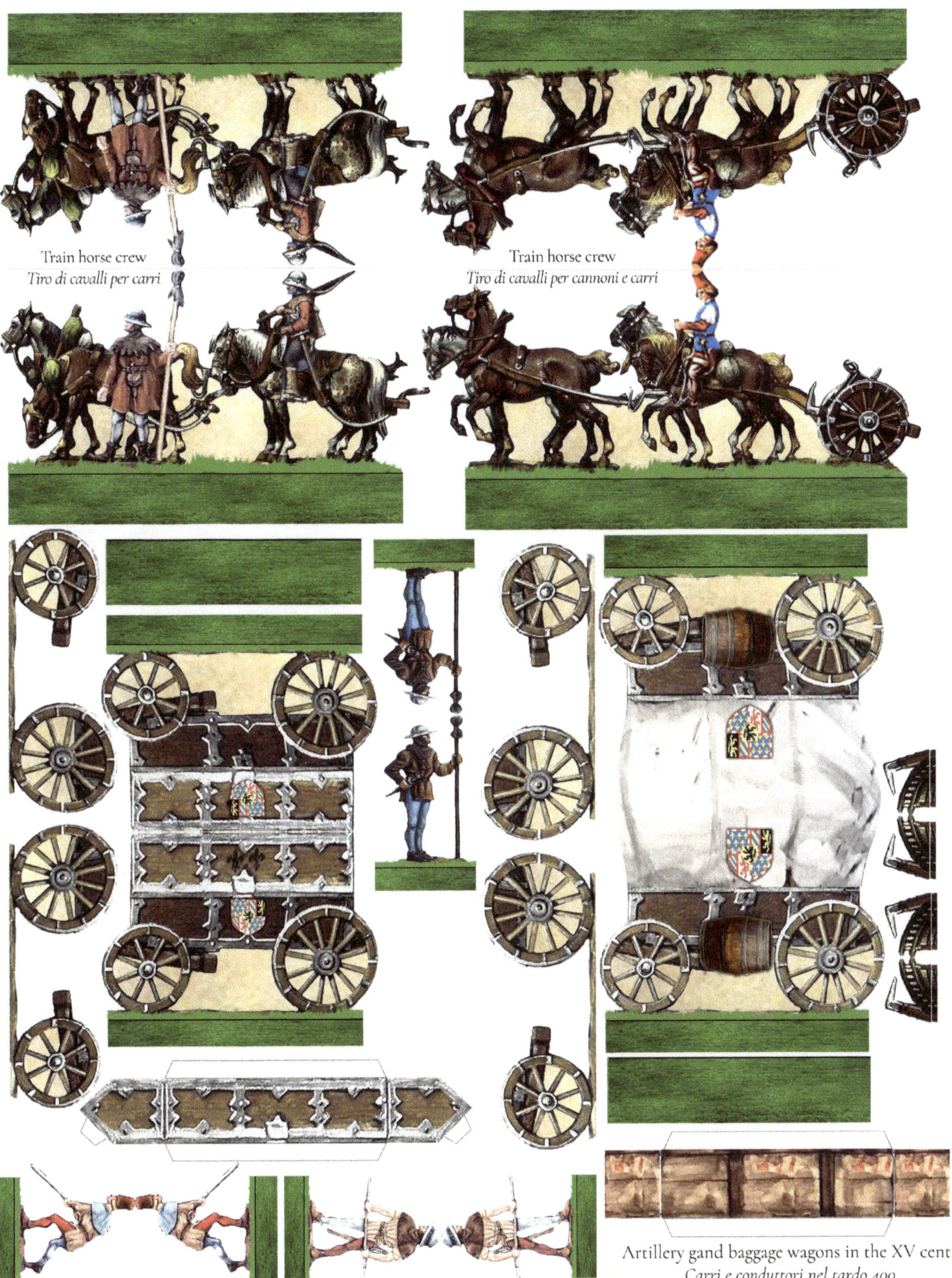

Train horse crew
Tiro di cavalli per carri

Train horse crew
Tiro di cavalli per cannoni e carri

Artillery gand baggage wagons in the XV cent.
Carri e conduttori nel tardo 400

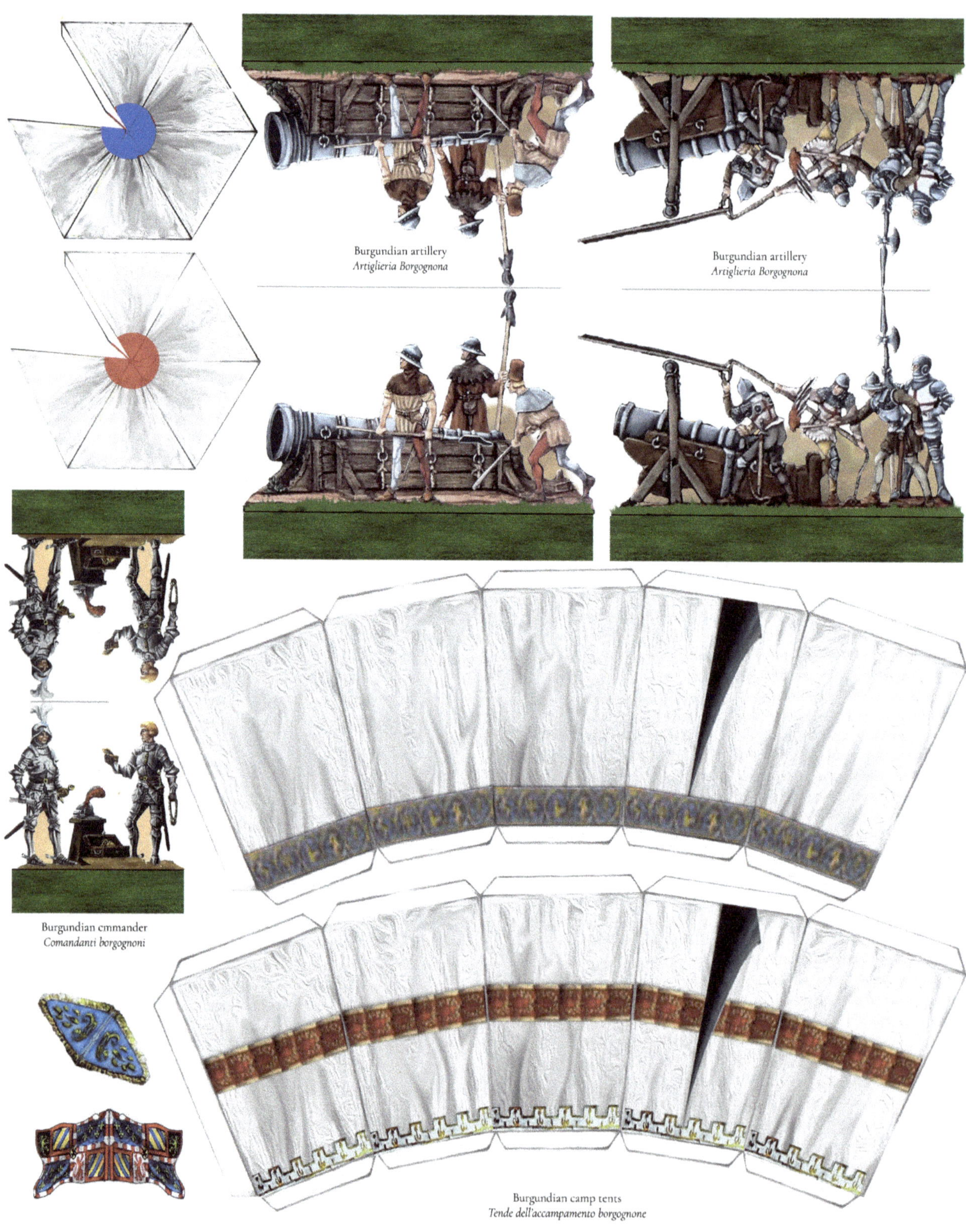

Burgundian artillery
Artiglieria Borgognona

Burgundian artillery
Artiglieria Borgognona

Burgundian emmander
Comandanti borgognoni

Burgundian camp tents
Tende dell'accampamento borgognone

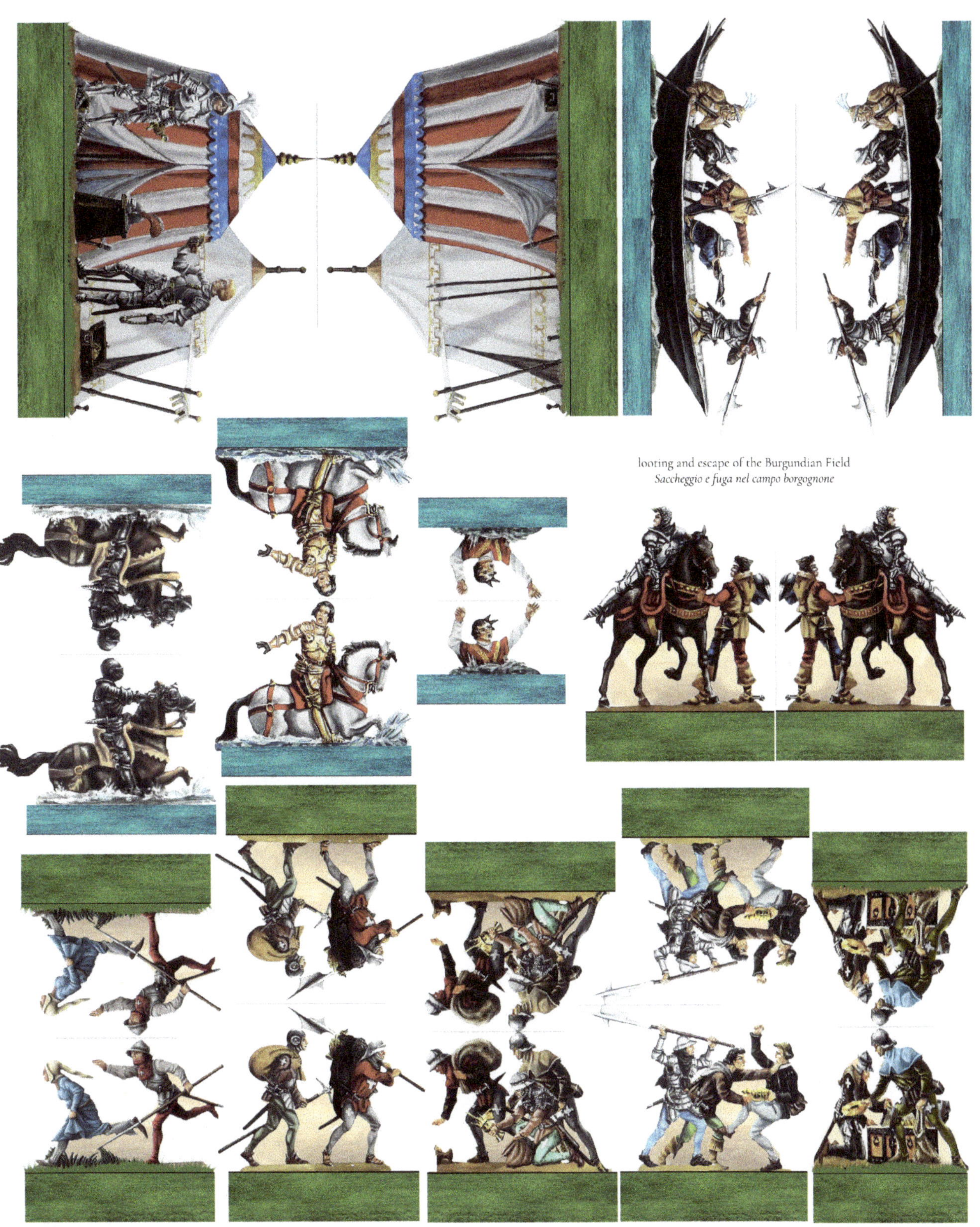

looting and escape of the Burgundian Field
Saccheggio e fuga nel campo borgognone

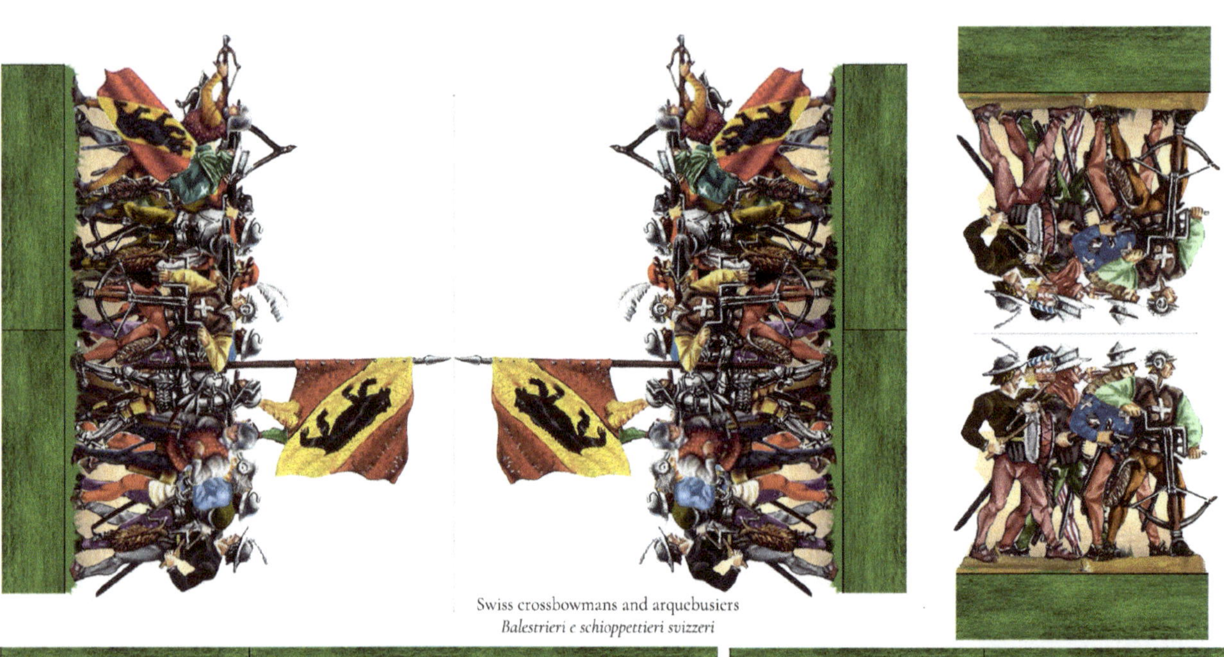

Swiss crossbowmans and arquebusiers
Balestrieri e schioppettieri svizzeri

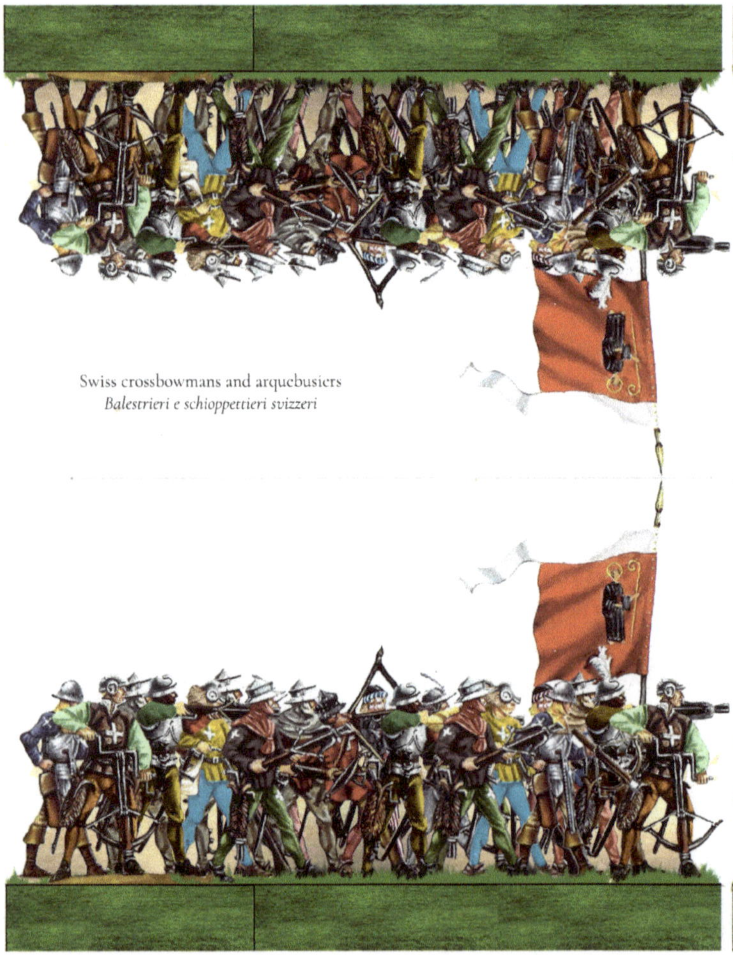

Swiss crossbowmans and arquebusiers
Balestrieri e schioppettieri svizzeri

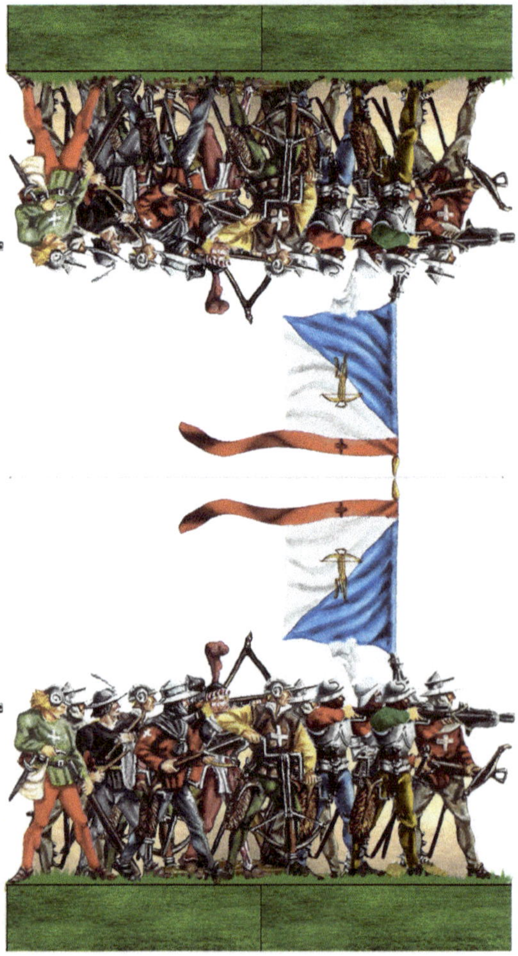

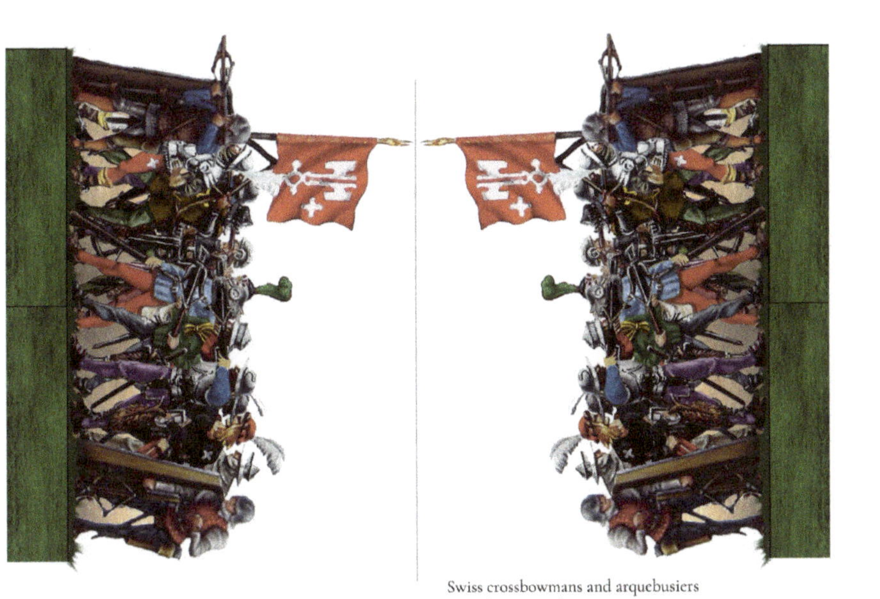

Swiss crossbowmans and arquebusiers
Balestrieri e schioppettieri svizzeri

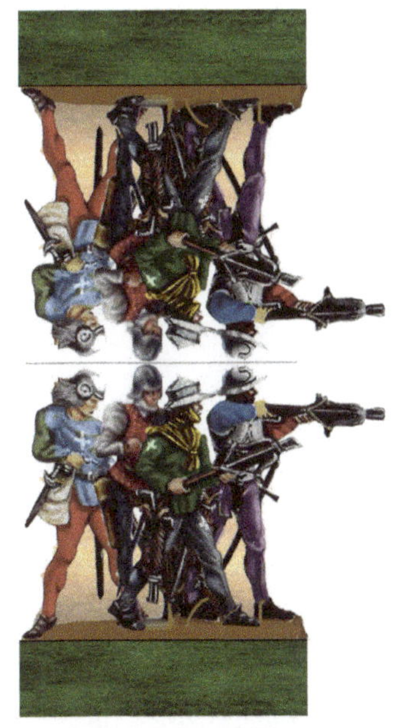

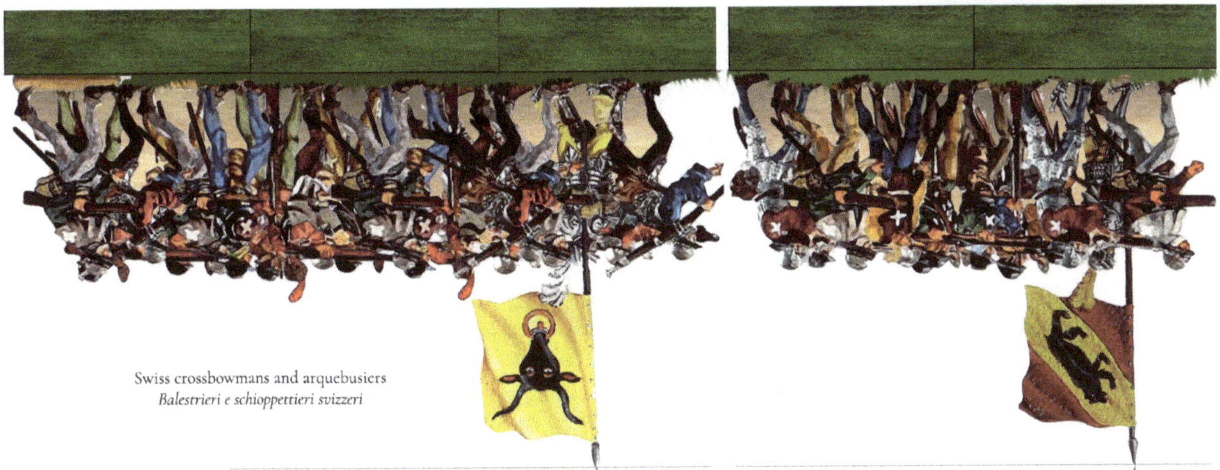

Swiss crossbowmans and arquebusiers
Balestrieri e schioppettieri svizzeri

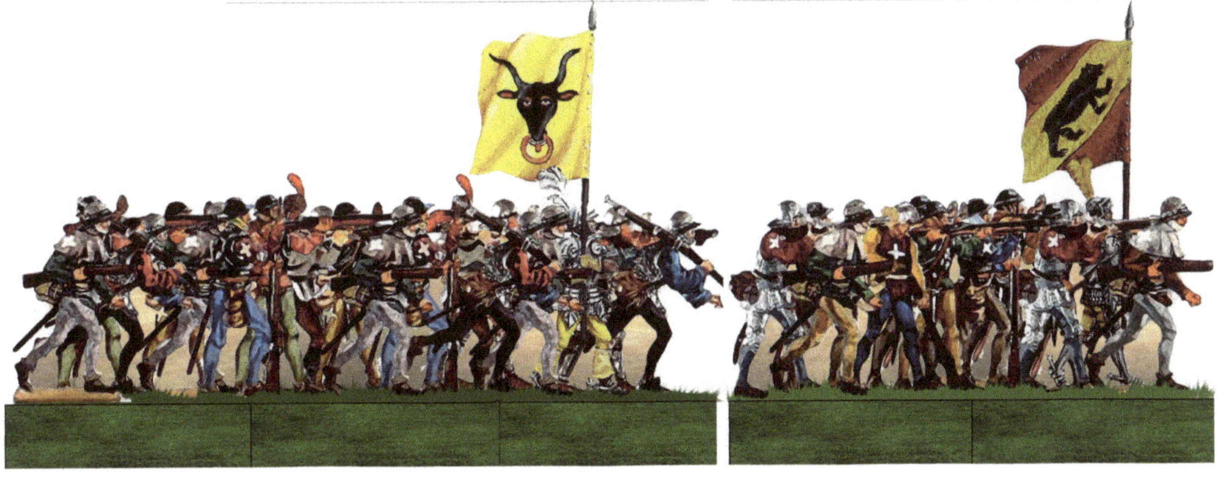

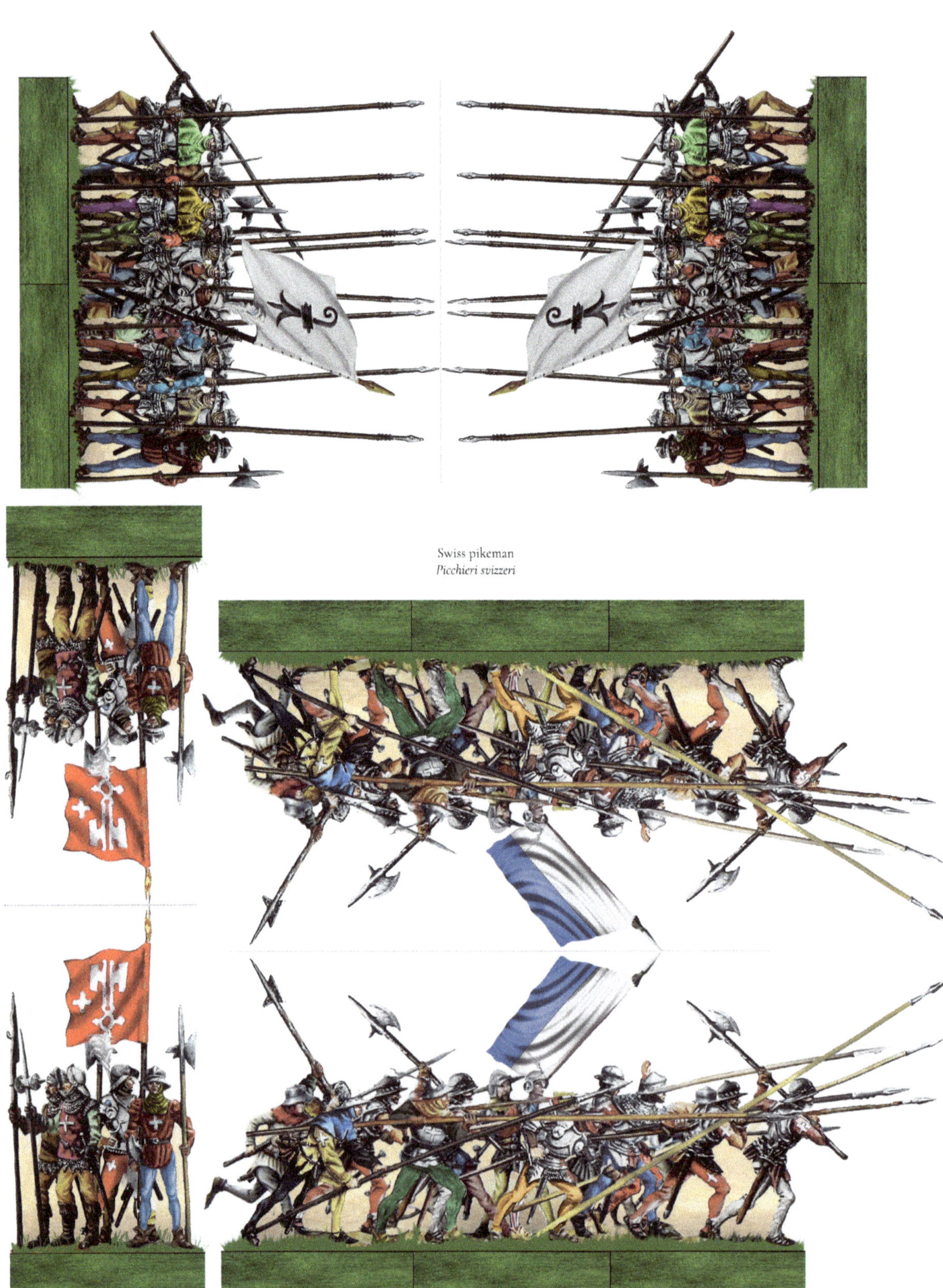

Swiss pikeman
Picchieri svizzeri

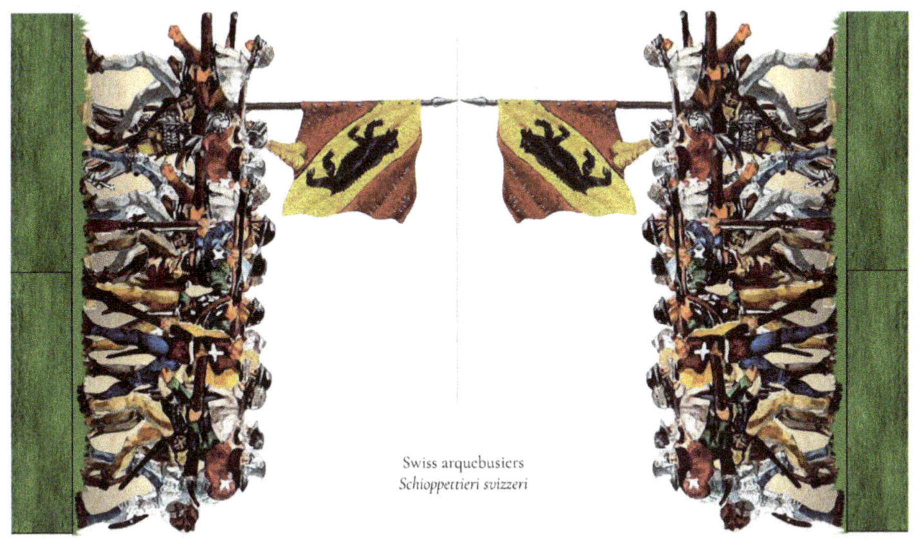

Swiss arquebusiers
Schioppettieri svizzeri

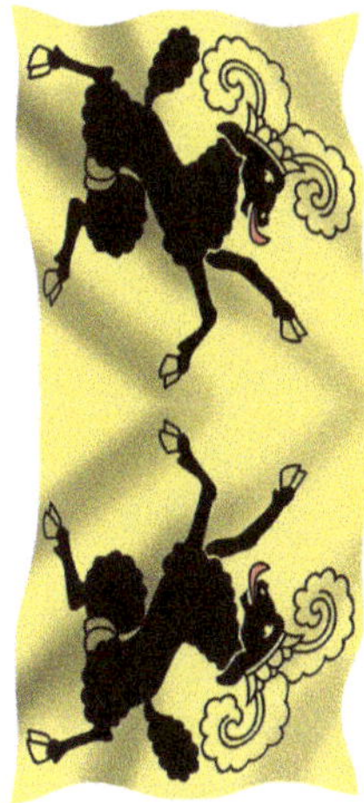

Swiss flag (Sciaffusa)
Bandiera del cantone Sciaffusa

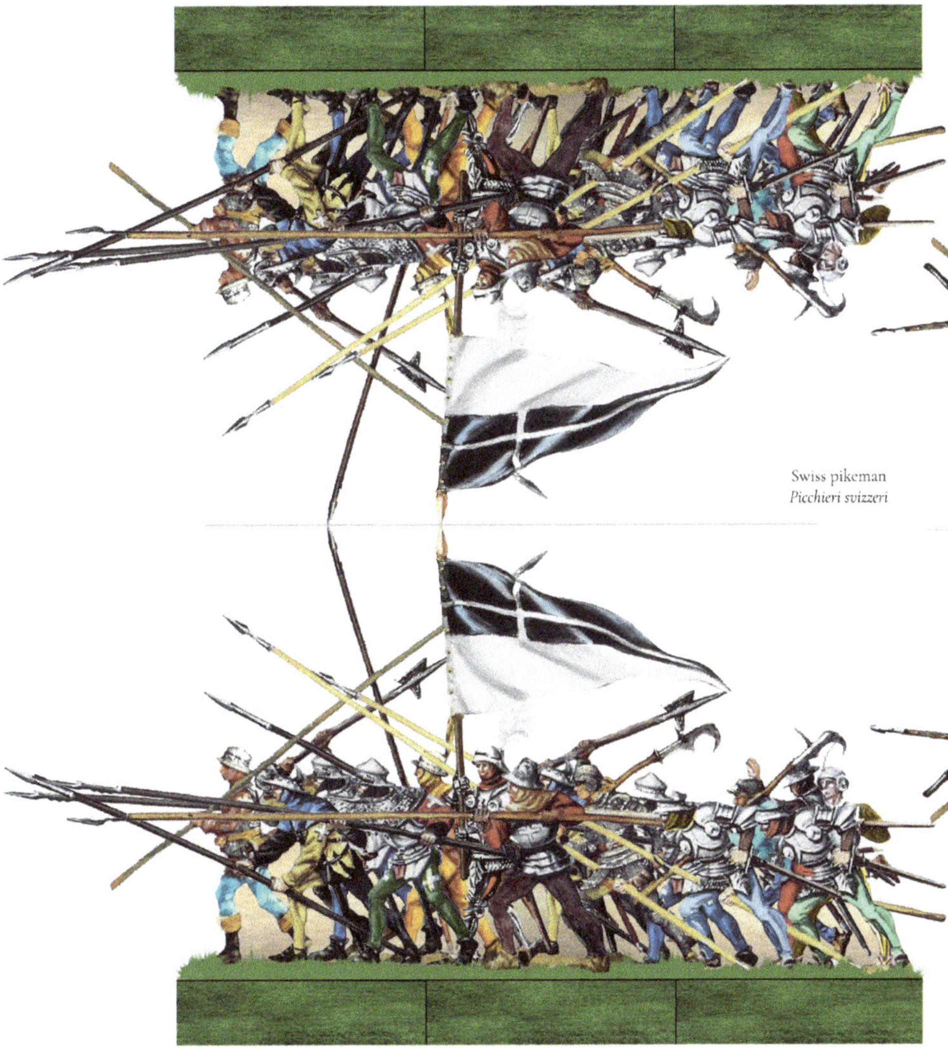

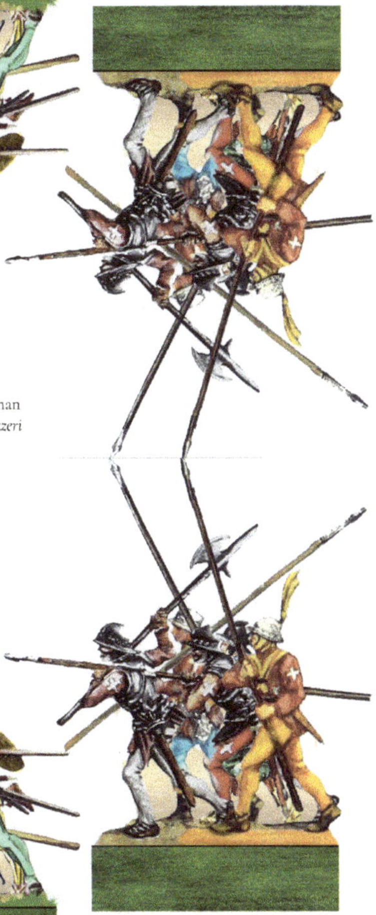

Swiss pikeman
Picchieri svizzeri

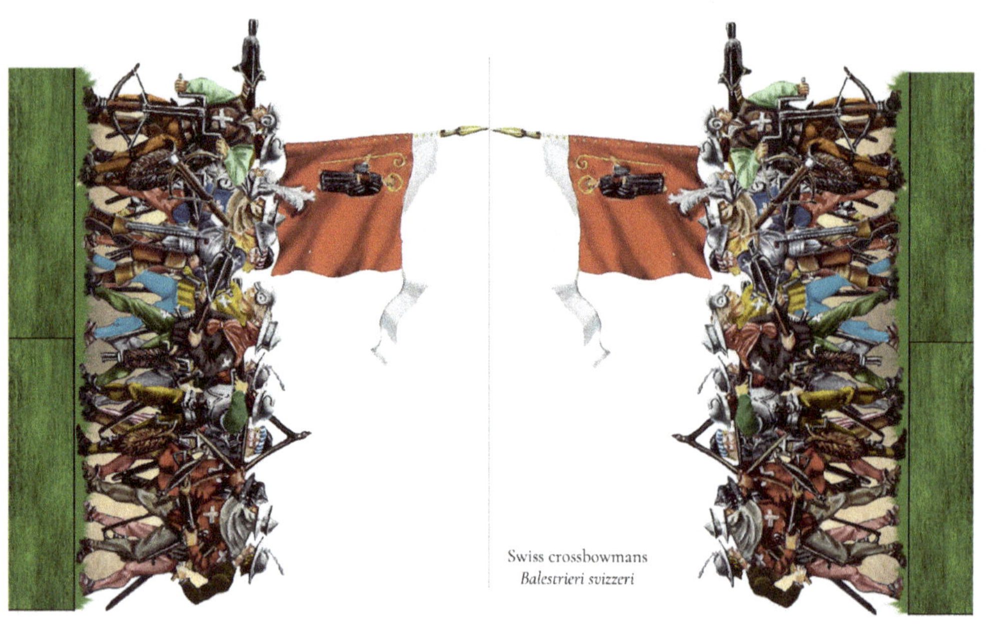

Swiss crossbowmans
Balestrieri svizzeri

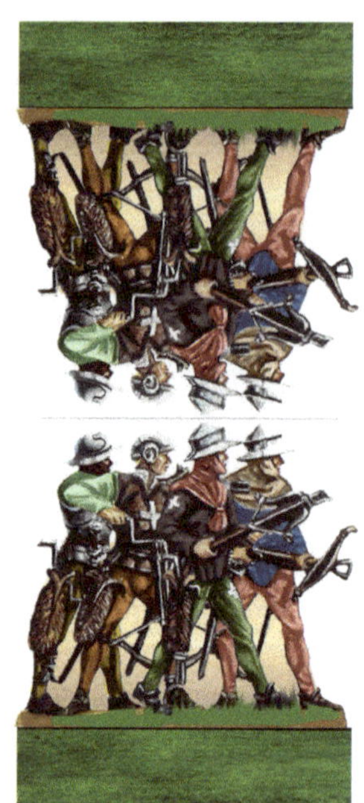

Swiss crossbowmans
Balestrieri svizzeri

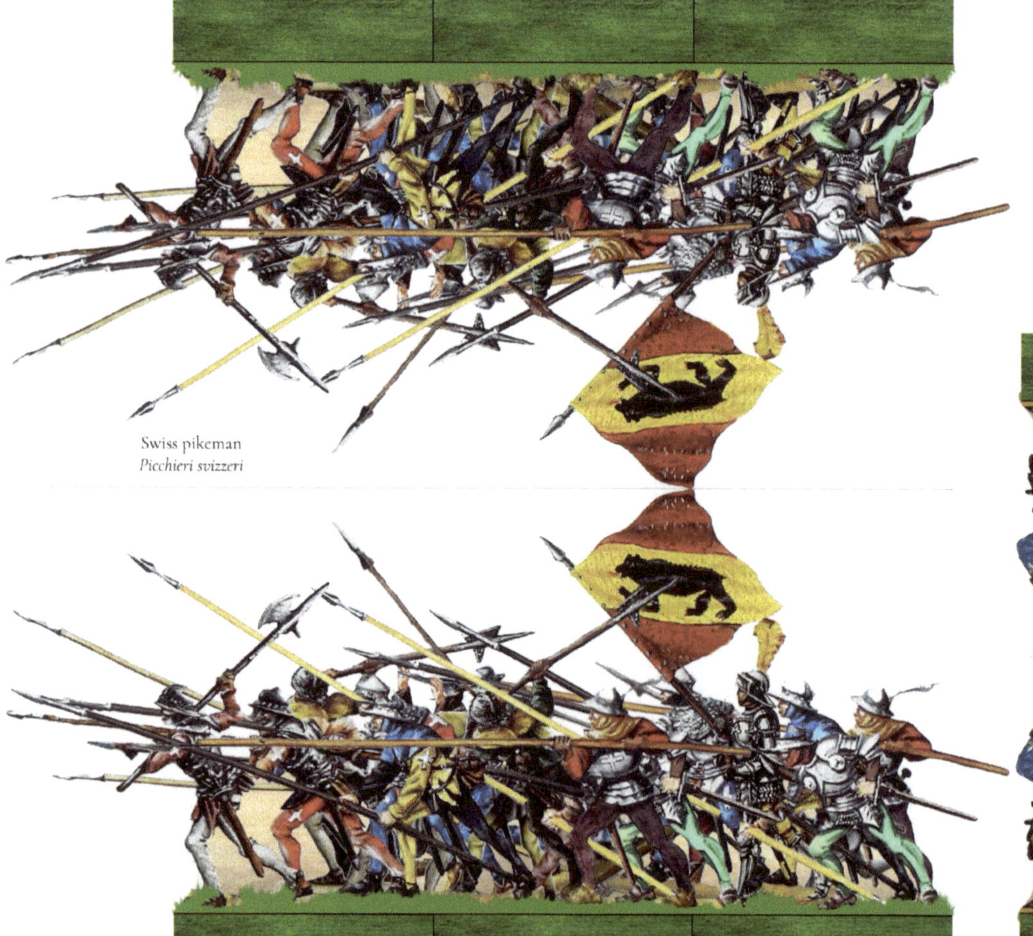

Swiss pikeman
Picchieri svizzeri

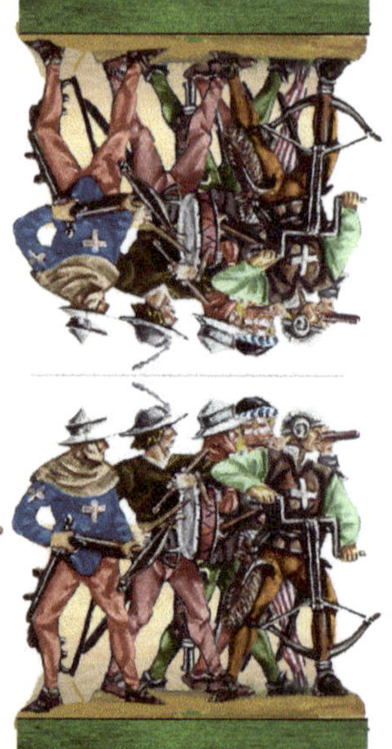

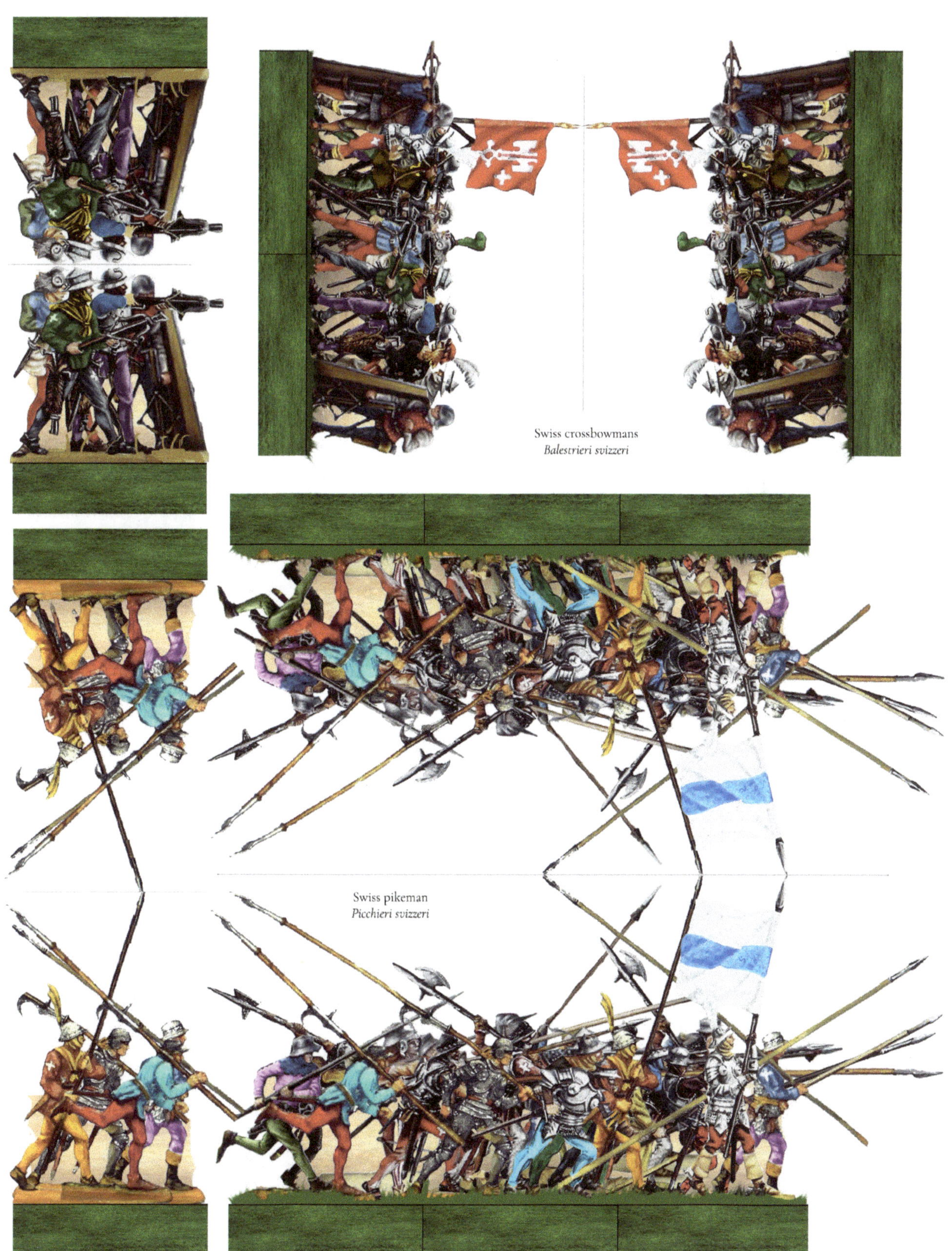

Swiss crossbowmans
Balestrieri svizzeri

Swiss pikeman
Picchieri svizzeri

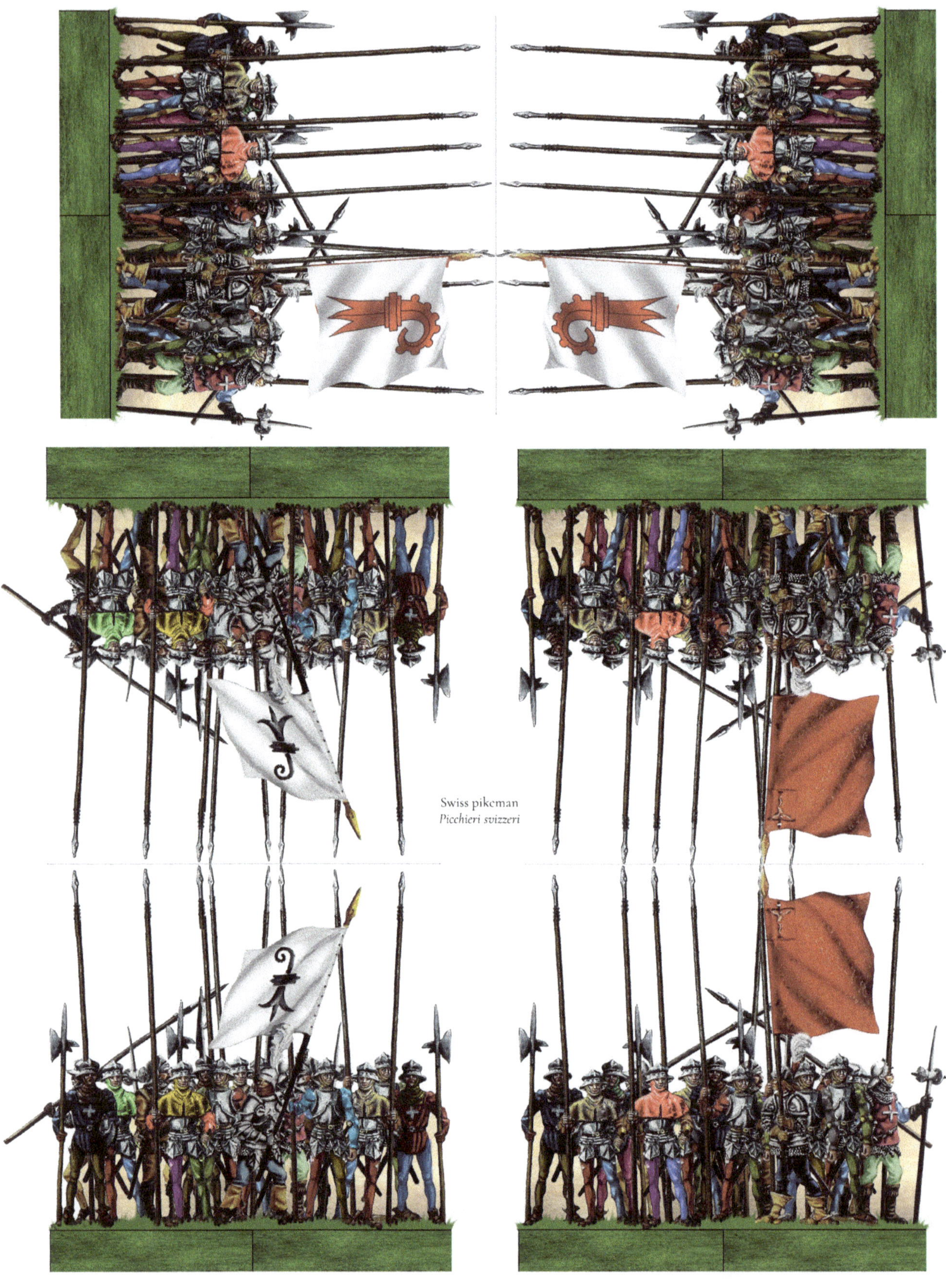

Swiss pikeman
Picchieri svizzeri

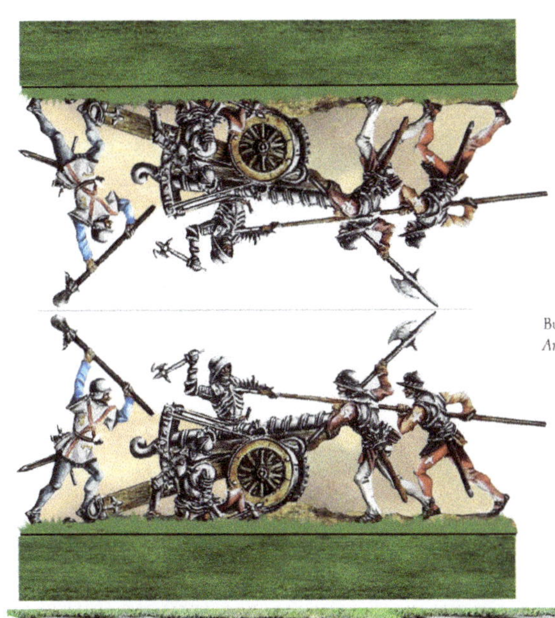

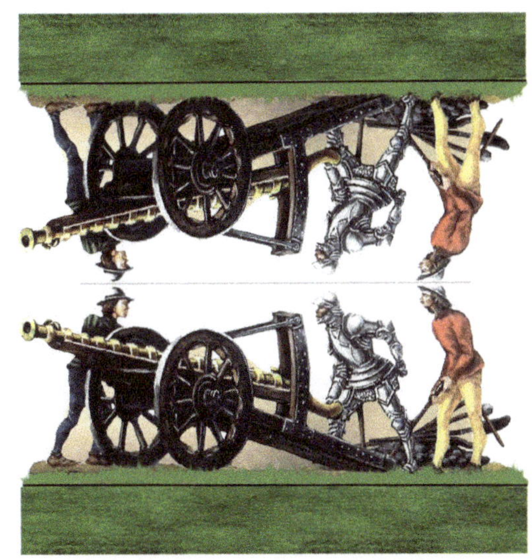

Burgundian artillery
Artiglieria borgognona

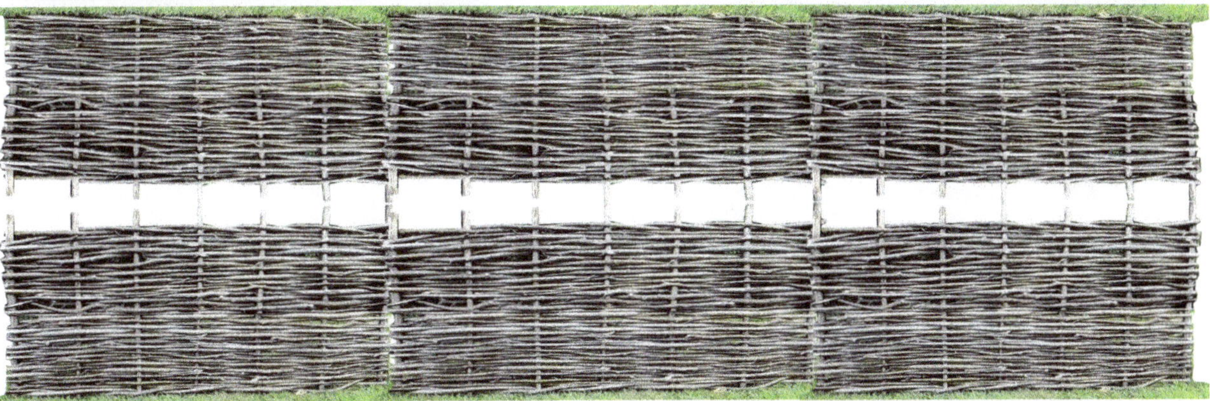

Artillery meadow fences - *Gabbie d'artiglieria*

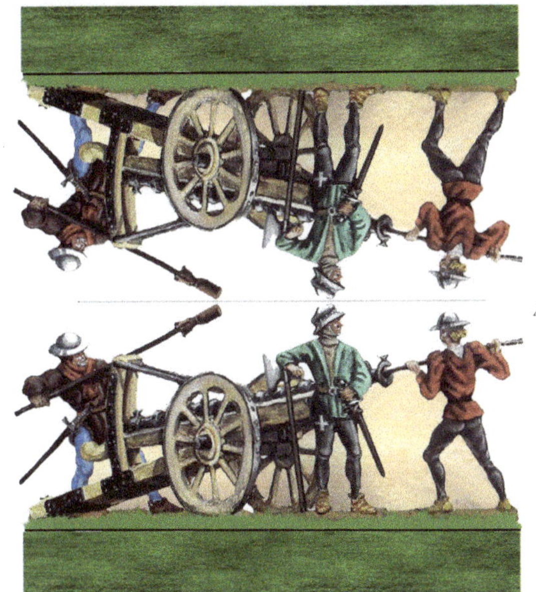

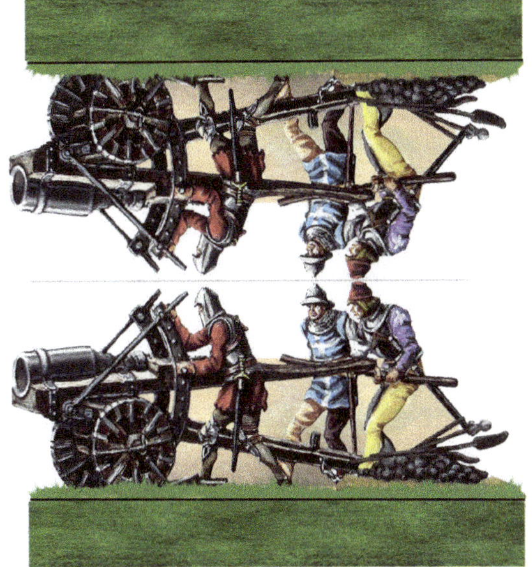

Swiss artillery
Artiglieria svizzera

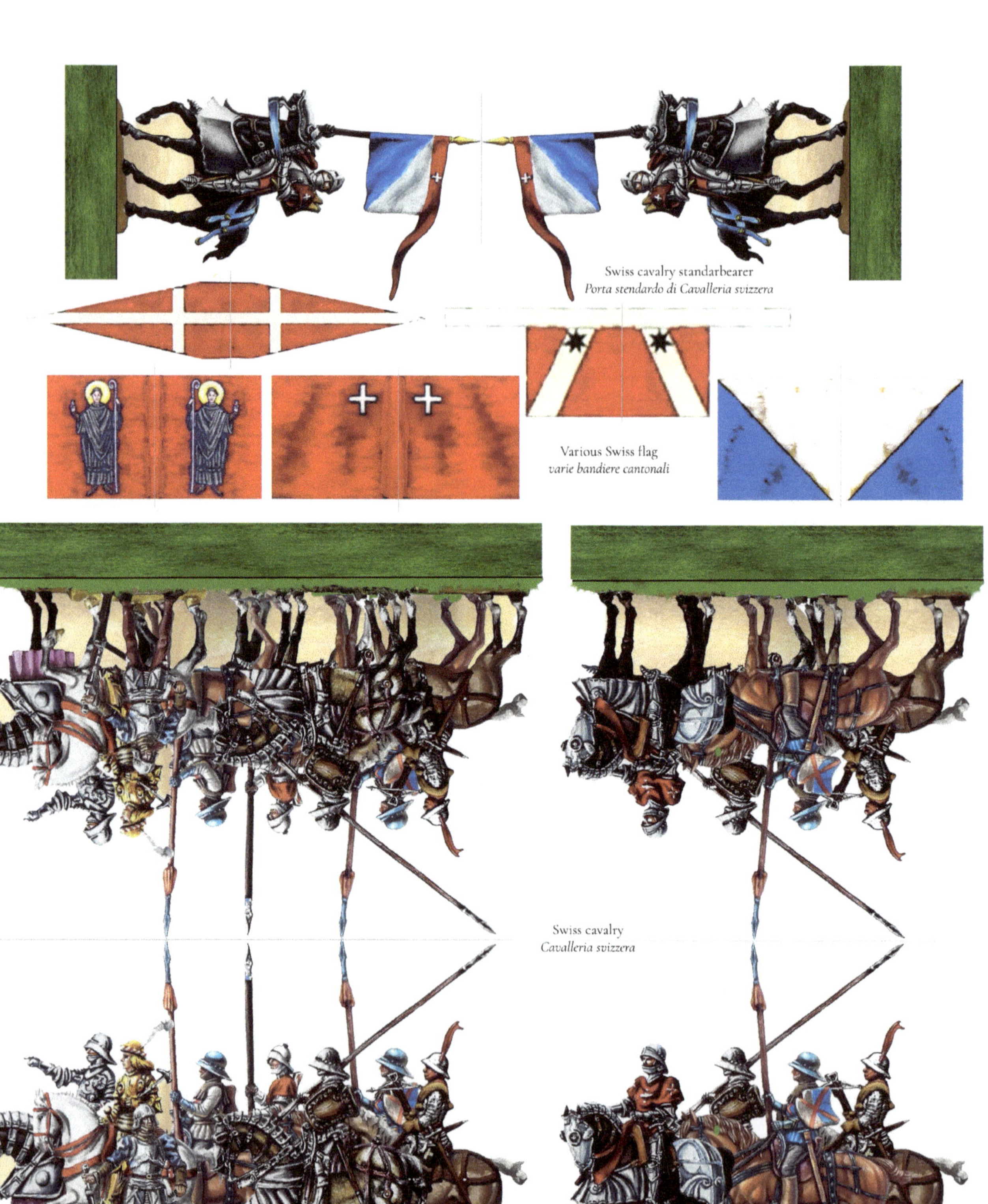

Swiss cavalry standarbearer
Porta stendardo di Cavalleria svizzera

Various Swiss flag
varie bandiere cantonali

Swiss cavalry
Cavalleria svizzera

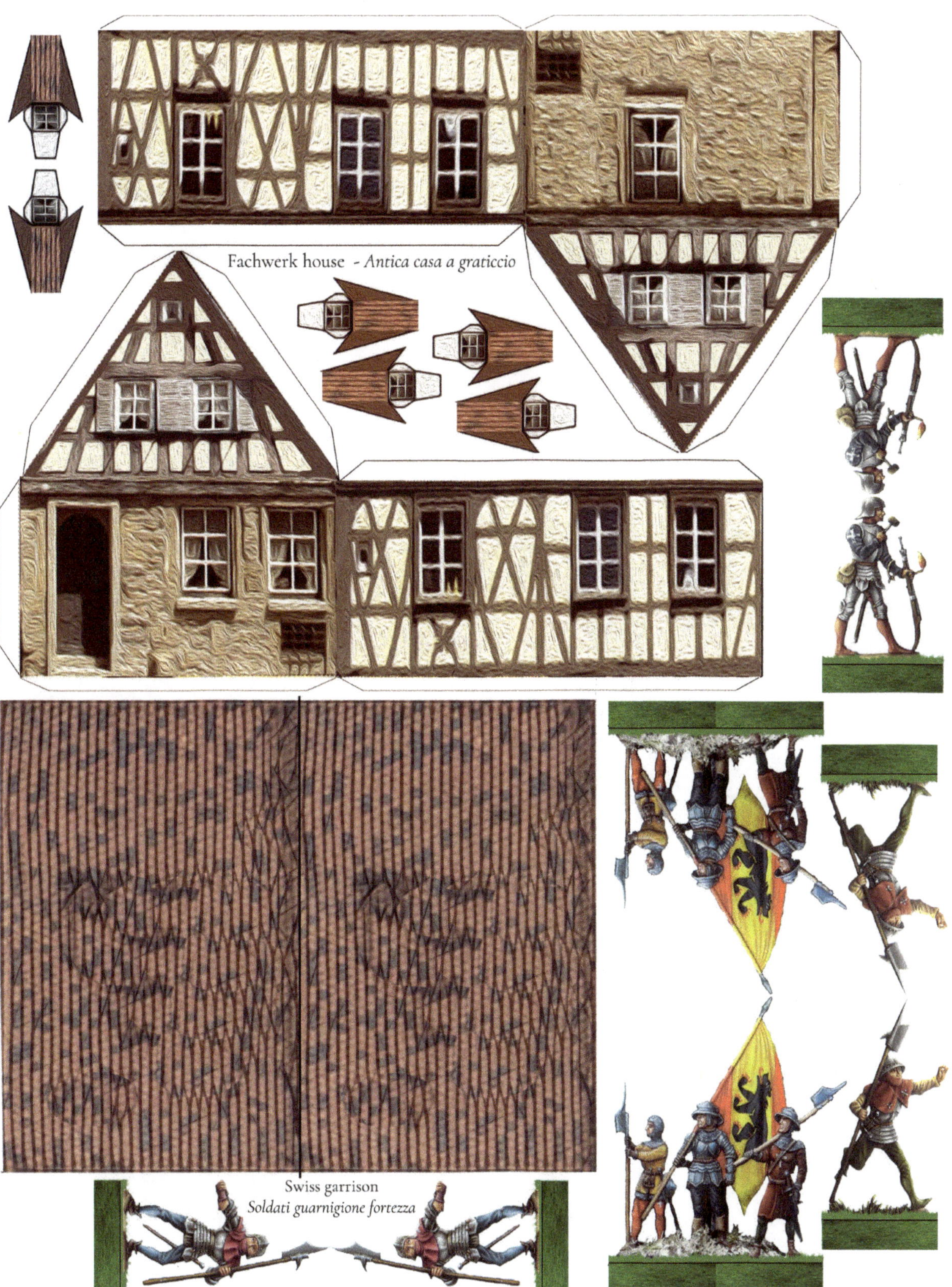

Fachwerk house - *Antica casa a graticcio*

Swiss garrison
Soldati guarnigione fortezza

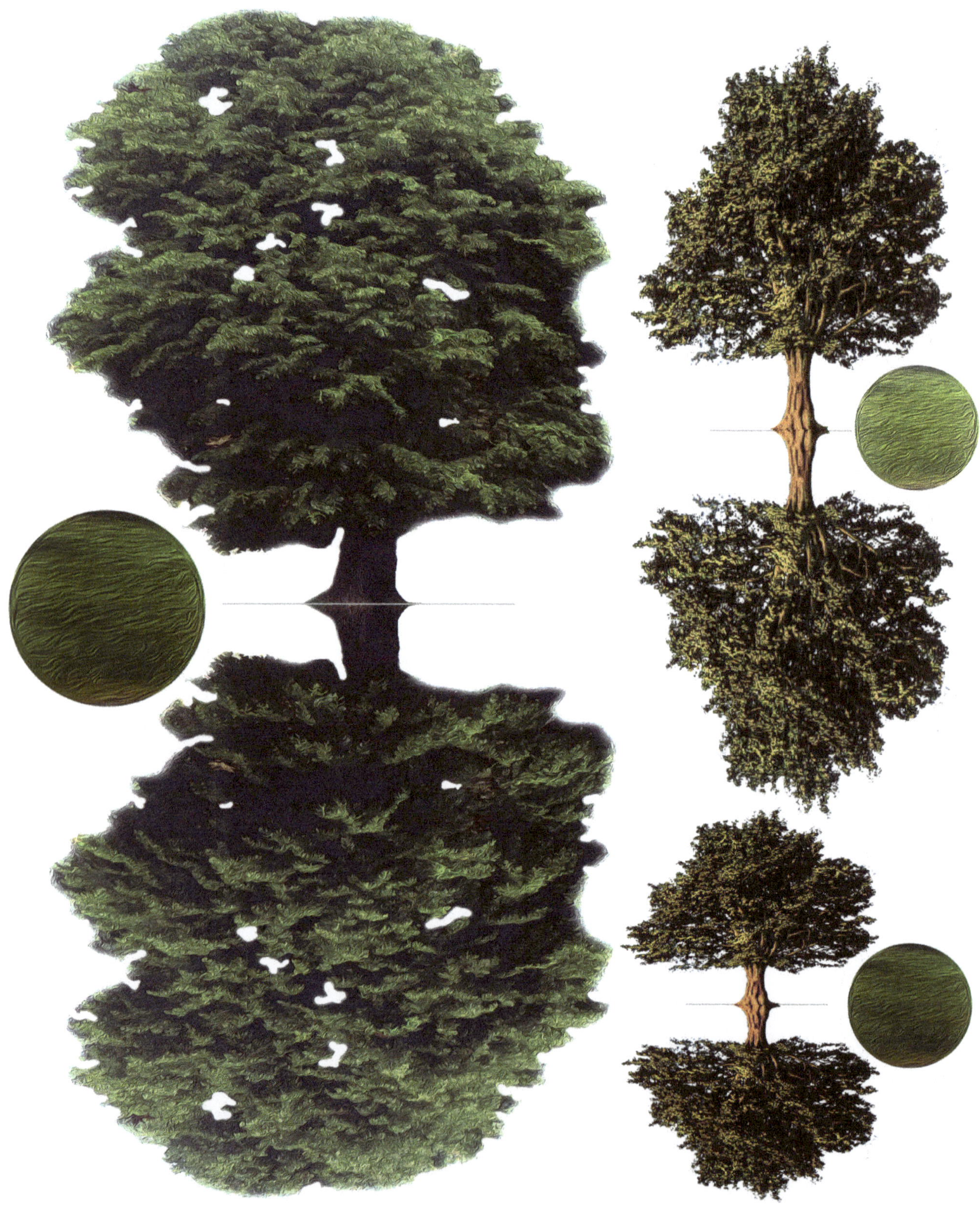

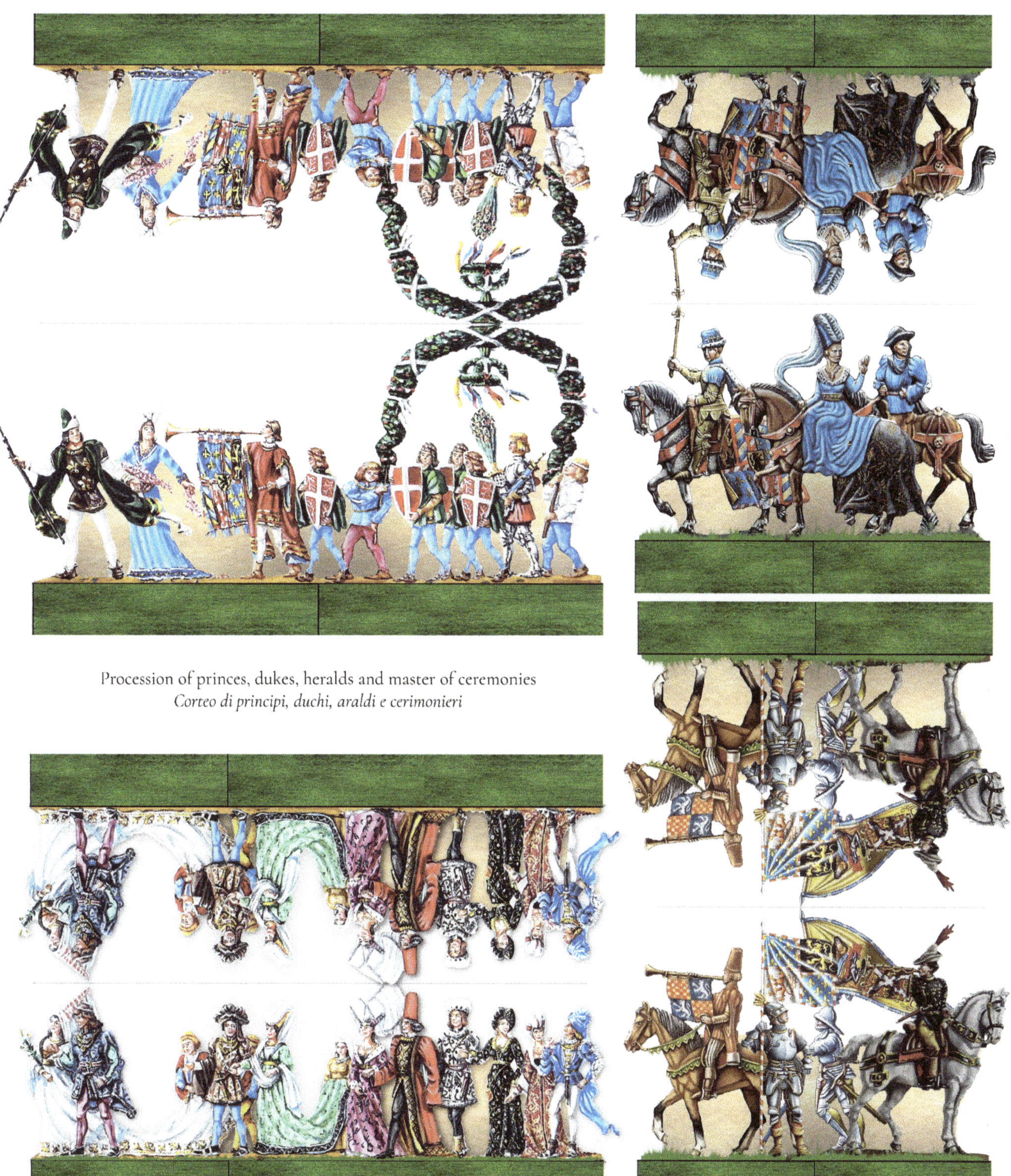

Procession of princes, dukes, heralds and master of ceremonies
Corteo di principi, duchi, araldi e cerimonieri

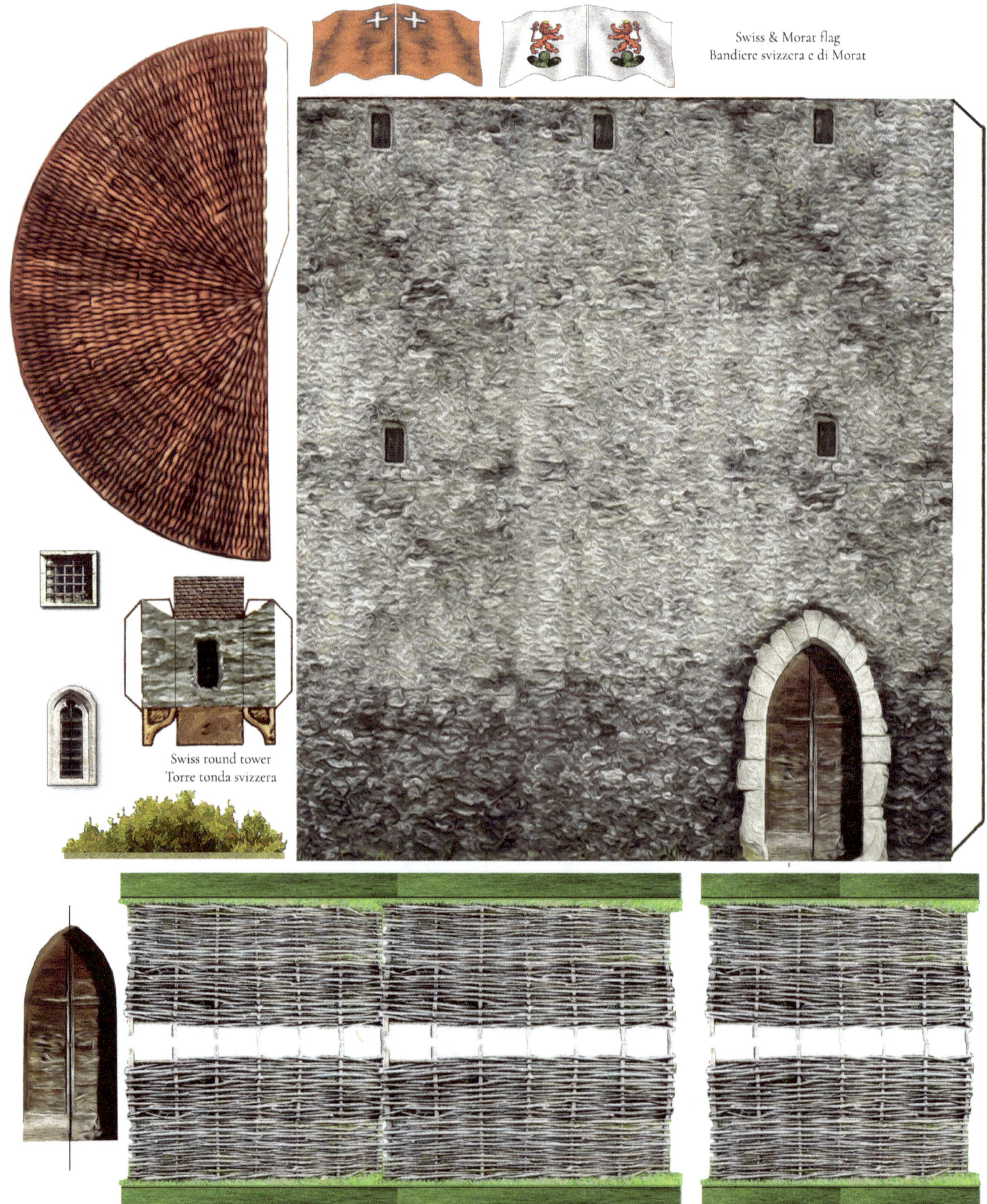

Swiss & Morat flag
Bandiere svizzera e di Morat
Swiss round tower
Torre tonda svizzera
Artillery meadow fences - Gabbie d'artiglieria

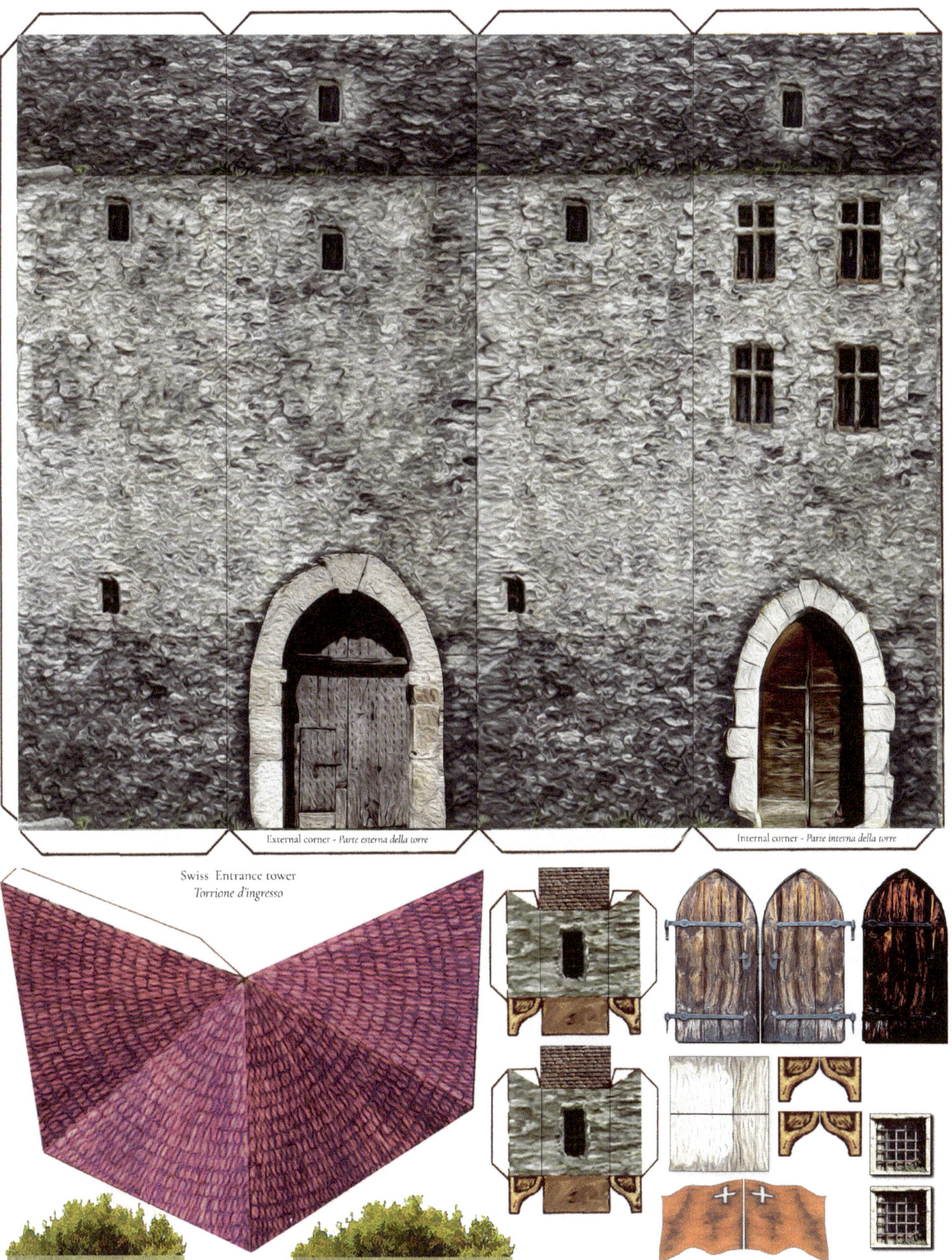

External corner - Parte esterna della torre
Internal corner - Parte interna della torre
Swiss Entrance tower
Torrione d'ingresso

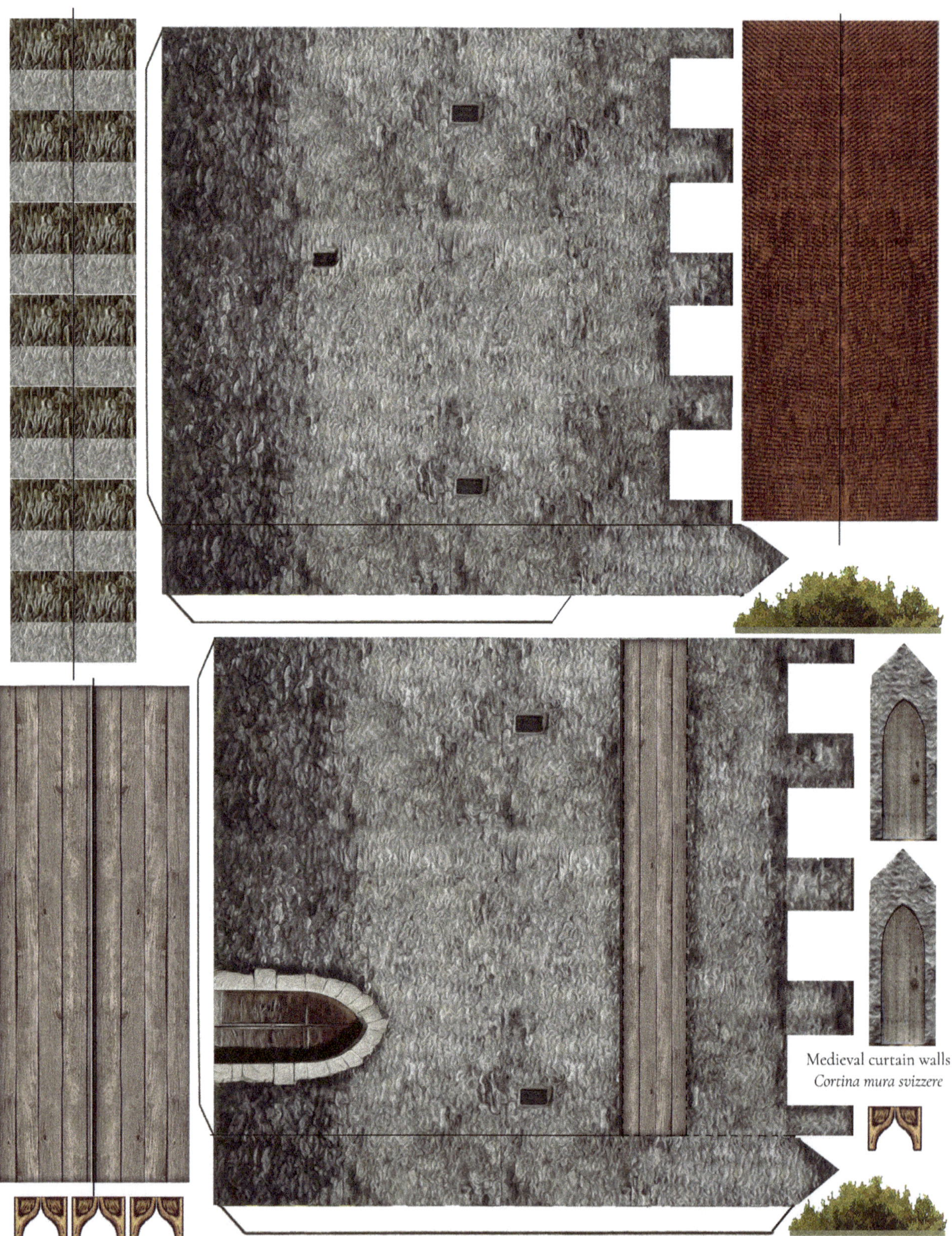
Medieval curtain walls
Cortina mura svizzere

SCENERIES FOR THE BURGUNDIAN WARS 1474-1477
SCENARI PER LE GUERRE BORGOGNONE 1474-1477

SCENERY FOR THE BATTLE OF GRANDSON 2ND OF MARCH OF 1476

In late February 1476, Charles the Bold besieged the castle of Grandson, located on the lake of Neuchâtel. Grandson belonged to Charles' ally Jacques de Savoie, and the place had been brutally taken by the Swiss the previous year. Charles brought a large mercenary army with him together with many heavy cannon, and the Swiss garrison soon feared, after the effectiveness of the bombardment was demonstrated, that they would be killed when their fortress was stormed. The Swiss, under heavy pressure from the canton of Bern, organized an army to come to the garrison's relief. A boat approached the garrison with the news that an army was coming to its relief, but the vessel was unable to approach the fortress closely for fear that it would be hit by Burgundian cannons. The men in the boat gestured to the defenders in the fortress to inform them that help was on the way, but their gestures were misunderstood, and the garrison decided to surrender.

Execution of the garrison of Grandson

Swiss sources are unanimous in stating that the men only gave up when Charles assured them they would be spared. The historian Panigarola, who was with Charles, claimed that the garrison had

SCENARIO PER LA BATTAGLIA DI GRANSON 2 MARZO 1476

L'esercito borgognone raggiunse il borgo e la fortezza di Grandson la sera del 18 febbraio e immediatamente vi si accampò
Il giorno seguente fu dato un primo assalto al castello che venne respinto. Il 23 del mese, fu tentato un nuovo assalto al villaggio che stavolta ebbe successo. Gli svizzeri dovettero abbandonare il borgo, lasciando isolato il loro capitano Brandolfo di Stein. Questo si ritirò assai malconcio dentro il castello con pochi uomini. Tuttavia la loro resistenza fu valorosa e accanita. Le mura del castello furono sottoposte ad un incessante bombardamento da parte della temibile artiglieria borgognone. Dopo estenuanti trattative e pensando di non aver altra scelta a fine febbraio i difensori della fortezza si arresero.

Le fonti svizzere furono concordi nell'asserire che gli uomini si consegnarono solo previa garanzia da parte di Carlo I di essere risparmiati. Lo storico Panigarola, che era con Carlo I, sostenne che la guarnigione si affidò alla misericordia del duca e che fu sua discrezione decidere della loro sorte. Egli deliberò di assassinarli e li fece impiccare tutti: ben 412 uomini, impiccati agli alberi, in una serie di esecuzioni che durò quattro ore.

Con il fermo intento di trattare in uguale modo tutti gli altri svizzeri che gli fossero caduti nelle mani, Carlo, di Borgogna il

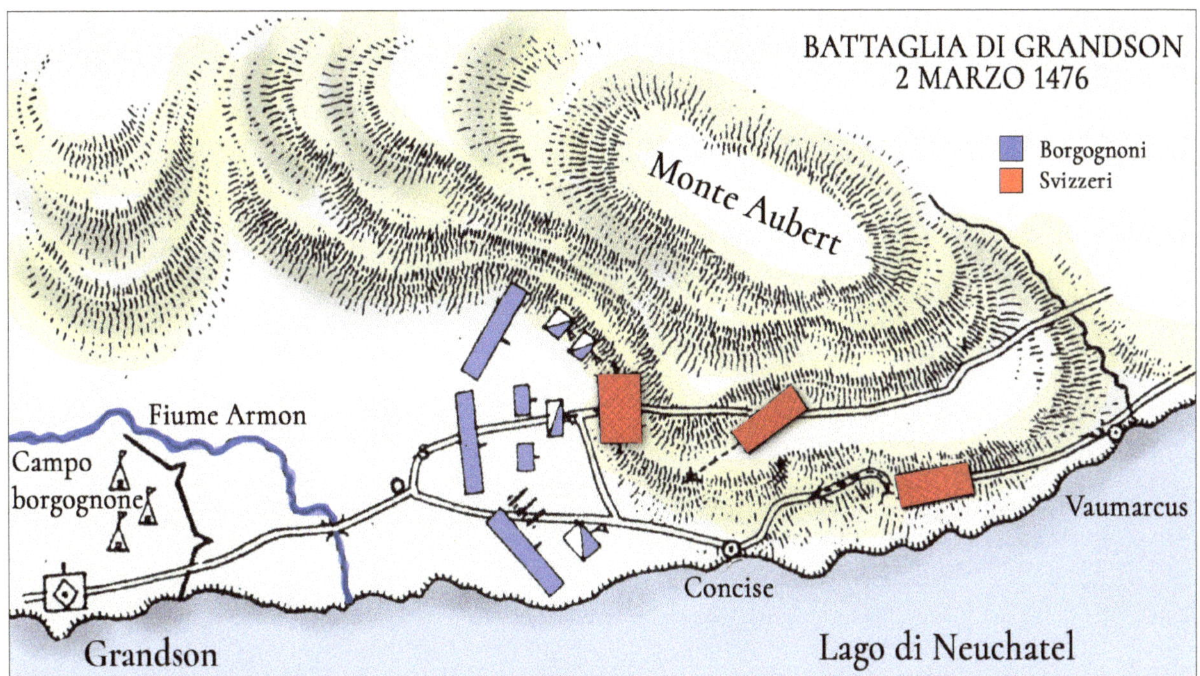

Notes on the table: in light blue the Burgundian infantry, white and blue troops the heavy cavalry, in red the Swiss militias. The Burgundian army was composed of 20,000 men and was led by the Duke Carlo and his ally Louis de Chalon. The Swiss were about 21,000 headed by William Herter von Hertneck. The losses of the battle were about 1000 men for the Burgundians, besides the loss of the artillery park and the crown treasure. For the Swiss few hundred fallen.

Note alla tavola : in azzurro le truppe borgognone, bianco e azzurro la cavalleria pesante, in rosso le milizie svizzere. L'esercito borgognone era composto da 20.000 uomini ed era capitanato dal Duca carlo e dal suo alleato Louis de Chalon. Gli svizzeri erano circa 21.000 capitanati da Guglielmo Herter von Hertneck. Le perdite della battaglia furono di circa 1000 uomini per i borgognoni, oltra alla perdita del parco artiglieria e tesoro della corona. Per gli svizzeri poche centinaia di caduti.

thrown themselves on the mercy of the duke, and it was up to his discretion what to do with them. He ordered all 412 men of the garrison to be executed. In a scene Panigarola described as "shocking and horrible" and sure to fill the Swiss with dread, all the victims were led past the tent of Charles on 28 February 1476 and hanged from trees, or drowned in the lake, in an execution that lasted four hours.

Battle of Grandson

The Swiss had no news of the fate of the garrison and assembled their forces in the hope of lifting the siege. This army numbered a little over 20,000 men without artillery and probably slightly outnumbered the Burgundians. On 2 March 1476 the Swiss army approached the forces of Charles near the town of Concise. The Swiss advanced in three heavy columns, echeloned to the left rear, moving directly into combat without deploying, in typical Swiss fashion. Poor reconnaissance left Charles uninformed as to the size and deployment of the Swiss, and he believed that the Swiss vanguard was the entire force sent against him. The vanguard, consisting mainly of men from Schwyz, Bern, and Solothurn, realized they would soon be in battle and knelt to pray. When they said three Our Fathers and three Hail Marys, some of the Burgundian army reportedly mistook their actions as a sign of submission. In their zeal, they rode forward shouting, "You will get no mercy; you must all die." The Burgundian knights soon surrounded the Swiss vanguard, but then Charles made a serious mistake. After brief skirmishing, Charles ordered his cavalry to pull back so the artillery could reduce the Swiss forces before the attacks were renewed. At this time, the main body of the Swiss emerged from a forest which had hitherto obscured their approach. The Burgundian army, already pulling back, soon became confused when the second, and larger, body of Swiss troops appeared. The speed of the Swiss advance did not give the Burgundians time to make much use of their artillery and missile units. Charles attempted a double envelopment of the leading Swiss column before the other two arrived, but as his troops were caught shifting to make this attack, they caught sight of the other Swiss columns and retreated in panic. The withdrawal soon turned into a rout when the Burgundian army broke ranks and ran. For a time, Charles rode among them shouting orders for them to stop and hitting fleeing soldiers with the flat of his sword. But once started the rout was unstoppable, and Charles was forced to flee as well. Few casualties were suffered on either side: the Swiss did not have the cavalry necessary to chase the Burgundians far. At insignificant cost to themselves, the Swiss had humiliated the greatest duke in Europe, defeated one of the most feared armies, and taken a most impressive amount of treasure. The booty Charles carried with him was immense, and included jewellery, silver and gold plate, tapestries and much of Charles' artillery. The Swiss initially had little idea of its value. What is probably a small surviving part of this fantastic booty is on display in various Swiss museums today, while a few remaining artillery pieces can be seen in the museum of La Neuveville, near Neuchâtel, Switzerland.

Aftermath

After the battle, the Swiss troops came upon the bodies of their countrymen still hanging from trees. An eyewitness, Peterman Etterlin, described the scene: "There were found sadly the honorable men still freshly hanging on the trees in front of the castle whom the tyrant had hanged. It was a wretched, pitiable sight.

giorno stesso di quella crudele strage, si dispose a levare il campo allo scopo di occupare Neuchâtel e le vicine valli.

La battaglia di Grandson

Il 29 febbraio i borgognoni si impadronirono quindi del castello di Vommarcus, e vi sistemarono una guarnigione come avamposto. Quel giorno stesso un'avanguardia di Confederati forte di 9.000 uomini giungeva a Baudry. Presto tale forza fu raggiunta da altre due formazioni, una di 7.000 e l'altra di 5.000, portando l'armata svizzera ad un totale di 21.000 armati di tutto punto. Gli svizzeri non avevano nessuna notizia del destino della loro guarnigione all'interno del castello ed organizzarono le loro forze nella speranza di rompere l'assedio. Il loro esercito sulla carta era più numeroso di quello borgognone. Il 2 marzo 1476 l'esercito svizzero si avvicinò alle forze di Carlo alla città di Grandson. Gli svizzeri avanzarono su tre gruppi e la loro avanguardia andò presto a cozzare con i borgognoni.

La scarsa ricognizione lasciò Carlo disinformato riguardo alle dimensioni e al dispiegamento degli svizzeri, pensando che l'avanguardia svizzera fosse l'intera forza inviata contro di lui. Questa forza, composta principalmente da uomini di Svitto, Berna e Soletta, capendo che presto sarebbero stati in battaglia si inginocchiarono per pregare. Essi si rialzarono solo dopo aver recitato tre Padre Nostro e tre Ave Maria. I borgognoni scambiarono le loro azioni quale segno di sottomissione. Si buttarono quindi tutti avanti gridando: *"Non riceverete pietà, dovrete morire tutti"*.

I cavalieri borgognoni circondarono presto l'avanguardia svizzera, ma poi Carlo commise un grave errore. Dopo una breve scaramuccia, il duca ordinò alla sua cavalleria di ritirarsi in modo che l'artiglieria potesse annientare le forze svizzere prima che gli attacchi fossero rinnovati. In quel momento, il corpo principale degli svizzeri emerse dalla boscaglia attorno che la nascondeva. L'esercito borgognone, già impegnato in una difficile manovra, andò in panico quando si avvide del secondo e più grande corpo di truppe svizzere. Queste con veloce carica non diedero ai borgognoni il tempo di fare uso delle loro artiglierie. Carlo tentò di bloccare questa prima colonna svizzera prima che arrivassero le altre due, ma avendo tutte le sue truppe spiazzate, le nuove colonne svizzere fecero irruzione creando la rotta in tutta l'armata nemica. La rotta si trasformò presto in disfatta quando l'esercito borgognone ruppe i ranghi e fuggì verso Grandson. Per un certo periodo, il duca cavalcò in mezzo ai suoi uomini ordinando loro di fermarsi ma alla fine pure lui fu costretto a fuggire.

Entrambe le parti subirono poche perdite a causa della velocità Dell'azione. Gli svizzeri non avevano la cavalleria necessaria per inseguire i borgognoni. Alla fine dello scontro era chiaro che gli svizzeri avevano umiliato il più grande duca in Europa, sconfitto il suo esercito e preso una quantità impressionante di tesori.

Il bottino era immenso e comprendeva gioielli, piatti d'oro, arazzi e gran parte dell'artiglieria. Ancora oggi parte di questo tesoro soipravvissuto nei secoli è oggi conservato in vari musei svizzeri, mentre alcuni pezzi della mitica e superba artiglieria borgognone rimasta può essere vista nel museo di La Neuveville, vicino a Neuchâtel, in Svizzera.

Il giorno dopo

Dopo la battaglia, le truppe svizzere si imbatterono nei corpi dei loro poveri connazionali ancora appesi agli alberi. Un testimone oculare, Peterman Etterlin, descrisse la scena: "Furono trovati i nostri uomini orribilmente ancora appesi agli alberi attorno al castello. Era uno spettacolo miserabile, pietoso. C'erano dieci

There were hung ten or twenty men on one bough. The trees were bent down and were completely full. Here hanged a father and a son next to each other, there two brothers or other friends. And there came the honorable men who knew them; who were their friends, cousins and brothers, who found them miserably hanging. There was first anger and distress in crying and bewailing.

SCENERY FOR THE BATTLE OF MORAT/MURTEN 22 JUNE 1476

After his defeat by the Swiss Confederation at Grandson in March 1476, Charles the Bold, Duke of Burgundy, reorganised his army at Lausanne. So at the end of May he was again ready to march against the Confederates to recover his territories and fortifications in the Pays de Vaud, then march on and attack the city of Berne, his greatest enemy among the Swiss cantons. His first objective was the strategic lakeside town of Morat, set on the eastern shore of Lake Morat. On 11 June 1476, the Burgundians commenced the siege of the well-fortified town, whose defense forces were commanded by the Bernese general Adrian von Bubenberg. An initial assault was repulsed by a heavy barrage of fire from light guns mounted on the walls, but two great bombards used by the Burgundians were slowly reducing the walls to rubble. By 19 June the Confederate muster was near complete at their camp behind the Sarine River. Only a small contingent of some 4,000 men from Zürich had yet to arrive and these were not expected until 22 June.

Charles in the meantime had been kept reasonably well informed of the approach of the Confederate army, though he did nothing to hinder their approach. This is not to say that he was unprepared for the arrival of the Swiss; indeed in typical fashion Charles had prepared an elaborate plan to meet the enemy on ground of his choosing, some 2 km (1.2 mi) from Morat, dominating their anticipated line of approach. The terrain around the town is quite hilly and he had chosen to rest his left flank artillery on a steeply sloped gorge cut by the Burggraben stream. In the centre, behind an elaborate ditch and palisade entrenchment known as the Grunhag, stood the bulk of Charles' infantry and artillery that were not engaged in besieging Murten itself. These were to fight the Confederation pike and halberd blocks to a halt while on the right the massed gendarmes would then flank the frontally engaged Swiss, thus creating a killing ground from which there was no escape. On 21 June 1476, Charles expected the Confederation forces to attack. He arranged his army and prepared

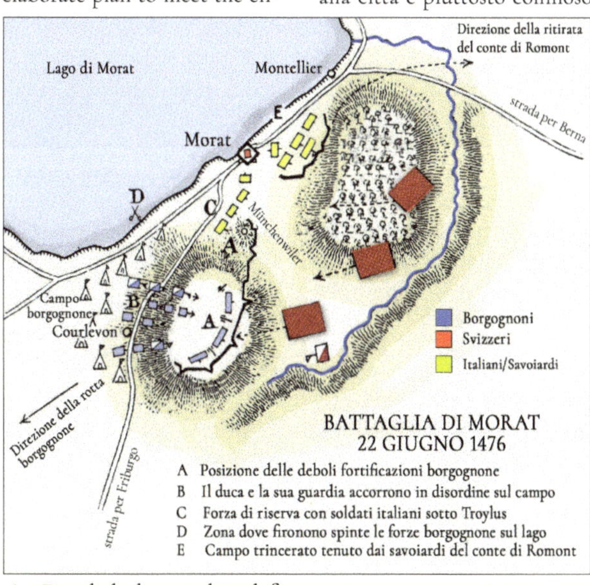

BATTAGLIA DI MORAT
22 GIUGNO 1476

A Posizione delle deboli fortificazioni borgognone
B Il duca e la sua guardia accorrono in disordine sul campo
C Forza di riserva con soldati italiani sotto Troylus
D Zona dove fironono spinte le forze borgognone sul lago
E Campo trincerato tenuto dai savoiardi del conte di Romont

A - First light burgundian defenses

B - Movement of the Duke and his guard on the battlefield

C - Italian reserve soldier lead by Troylus

D - On the sea the last position of Burgundian army

E - Renforced field occupied by the Savoys' force of Romont

o venti uomini appesi su un ramo. Gli alberi erano piegati e completamente pieni. Qui hanno impiccato un padre e un figlio uno accanto all'altro, lì due fratelli o altri amici. E vennero gli uomini d'onore che li conoscevano; che erano i loro amici, cugini e fratelli, che li trovavano miseramente impiccati. Seguirono scene di rabbia e angoscia manifestata da urla e pianti.

SCENARIO PER LA BATTAGLIA DI MORAT/MURTEN DEL 22 GIUGNO 1476.

Dopo la pesante sconfitta subita da parte della armata svizzera a Grandson nel marzo del 1476, Carlo il Temerario, duca di Borgogna, riorganizzò il suo esercito a Losanna. Già alla fine di maggio egli era di nuovo pronto a marciare contro i Confederati e assediare la città di Berna, il più temibile nemico tra i cantoni svizzeri. Il suo primo obiettivo fu scelto nella strategica cittadina lacustre di Morat. L'11 giugno 1476, i Borgognoni iniziarono l'assedio della cittadina ben fortificata, le cui forze di difesa erano guidate dal generale bernese Adrian von Bubenberg. Un assalto iniziale fu respinto grazie alla reazione dei cannoni posti sulle torri della fortezza, ma due enormi bombarde utilizzate dai borgognoni stavano lentamente riducendo le mura in macerie. Intanto Il 19 giugno il raduno delle truppe confederate era quasi completo in una zona vicina, dietro il fiume Sarine. Solo un piccolo contingente di circa 4.000 uomini di Zurigo doveva ancora arrivare ma l'arrivo di questi non erano previsto fino al 22 giugno. Nel frattempo Carlo era stato tenuto ben informato di tutte le mosse dell'esercito confederato, sebbene non avesse fatto nulla per ostacolarne l'approccio. Questo non significa che egli non fosse preparato per l'arrivo degli svizzeri; anzi lo stesso Duca aveva preparato un elaborato piano per scontrarsi con il nemico su un terreno di sua scelta, posto a circa 2 km da Morat, pensando in questo modo di coglierli di sorpresa. Il terreno intorno alla città è piuttosto collinoso e Carlo aveva scelto di piazzare l'artiglieria sul fianco sinistro nei pressi di una gola ripida scavata dal torrente Burggraben. Al centro, dietro un elaborato fossato difeso da trincee e palizzate noto come *Grunhag*, venne piazzata la maggior parte della fanteria e dell'artiglieria di Carlo che non erano direttamente impegnate ad assediare Morat. Questi uomini avevano quindi il compito di arrestare l'impeto delle picche e delle alabarde svizzere, dando cosi il tempo e il modo alle truppe della cavalleria scelta borgognone nascosta nei pressi, di piombare sui fianchi degli svizzeri e massacrarli. Il 21 giugno 1476, Carlo si aspettava quindi la carica da parte delle truppe della Confederazione. Aveva organizzato, almeno cosi credeva, al meglio le sue truppe per ricevere l'urto degli elvetici. Tuttavia, con suo grande disappunto, i comandanti svizzeri decisero prudentemen-

for the coming assault. However, the Swiss commanders decided to wait an additional day for the troops from Zürich. After about six hours of waiting Charles ordered his troops to stand down and return to camp.

The Battle

On 22 June 1476, around mid-morning, Charles ordered his treasurer to pay the entire army, expecting the Confederate troops to continue delaying. The orderly lines of the Burgundian army dissolved into chaos as soldiers scattered throughout the camp collecting their pay, eating their midday meal and seeking shelter from the rain. The skeleton force that remained at the Grunhag were surprised when the Swiss army, in battle order, emerged from the woods less than 1,000 m from their lines. The Confederate vanguard of some 6,000 skirmishers and all the 1,200 Swiss cavalry present erupted out of Birchenwald Woods to the west of Morat, exactly where Charles had predicted they would appear. Behind the vanguard came the main body of pike, the *gewalthut* (centre). This was some 10,000 to 12,000 strong and was formed in a huge wedge with the cantonal standards in the centre, flanked by halberdiers and an outer ring of pikemen. The rearguard of 6,000 to 8,000 more closely packed pike and halberdiers followed the *gewalthut* towards the now sparsely manned Grunhag. As the Swiss charged downhill into the Burgundian position the artillery managed to fire a few salvoes, killing or maiming several hundred of the overeager Lorrainers. Against the odds the defenders in the Grunhag held the Swiss for some time before a contingent of Swiss found a way through the left flank of the defences near the Burggraben and turned the whole position. The Swiss formed up quickly beyond it and advanced towards Murten and the besieger's camp. In the Burgundian camp, there was the total confusion after the Swiss were sighted, as men rushed to re-form ranks and prepare for battle. In the ducal tent on top of the Bois Du Domingue, a hill overlooking Morat, Charles was quickly armed by his retainers before rushing on horseback to try to coordinate the defence of the camp. But as fast as any unit was formed and moved forward against the Swiss, it was swept aside as various uncoordinated attacks were made against the still compact Confederate battle formations. There was some resistance from the squadrons of the ducal household who routed the Lorrainers, including René II, Duke of Lorraine, who was saved only by the arrival of the pikes, against which the gendarmes could only retire, unable to make any impression against them. Charles managed to muster enough English archers to form a last line of defence before the camp, but these were routed before a bow could be bent, their commander shot by a Swiss skirmisher. Traditionally, the Duke of Somerset is identified as the commander of the English archers. However, the only Duke of Somerset, Edmund Beaufort who was known to have been in Burgundian service died in 1471 at Tewkesbury in England and therefore could not have been at Murten five years later. Then it was every man for himself as Charles ordered the army to fall back which was interpreted as a retreat, which in turn became a rout as all organized resistance ended. For some three miles along the lakeside many Burgundians died that day in the rout. The Italian division of some 4,000–6,000 men besieging the southern part of Morat probably suffered the

te di attendere un altro giorno per aspettare l'arrivo delle truppe di Zurigo. Dopo circa sei ore di attesa faccia a faccia, Carlo ordinò alle sue truppe di ritirarsi e tornare all'interno del campo.

La battaglia

Il 22 giugno 1476, verso metà mattina, Il Duca di Borgogna diede ordine al suo tesoriere di pagare l'intero esercito, ritenendo che le truppe confederate continuassero a ritardare l'iniziativa. Le file ordinate dell'esercito borgognone si sciolsero permettendo ai soldati di confondersi per l'accampamento per raccogliere la paga, consumare il pasto di mezzogiorno cercando riparo dalla pioggia. La sottile linea difensiva rimasta sul *Grunhag* rimase quindi sorpresa quando improvvisamente l'intero esercito svizzero, in ordine di battaglia, emerse dal bosco a meno di 1.000 m dalle loro linee. L'avanguardia confederata di circa 6.000 picchieri e tutte la cavalleria svizzera formata da soli 1.200 uomini emerse come un fantasma dal bosco di Birchenwald a ovest di Morat, esattamente dove Carlo aveva predetto che sarebbero comparsi. Dietro l'avanguardia seguiva il grosso dell'armata, il *gewalthut*. Quets a terribile formazione vantava numeri tra i 10.000 e i 12.000 uomini ed era formato da un enorme cuneo con tutte le bandiere e gli stendardi cantonali al centro, fiancheggiato da alabardieri e un anello esterno di picchieri. La retroguardia completava il tutto con altri 6.000/ 8.000 picchieri e alabardieri anch'essa insieme al *gewalthut* si stavano scagliando contro il *Grunhag* scarsamente presidiato. Mentre gli svizzeri si lanciavano forsennati in discesa contro la posizione borgognone, l'artiglieria riuscì a sparare alcune salve, uccidendo o mutilando diverse centinaia di lorenesi al seguito degli svizzeri. Eroicamente e a dispetto di tutte le previsioni i difensori del *Grunhag* riuscirono a bloccare l'impeto dei nemici per qualche tempo prima che un contingente di svizzeri trovasse una strada attraverso il fianco sinistro delle difese vicino al Burggraben aggirando l'intera posizione. Gli svizzeri quindi passarono oltre, si riformarono rapidamente continuando l'avanzata verso Morat e il campo degli assedianti. Nel campo borgognone, all'arrivo inatteso degli svizzeri scoppiò allora il finimondo mentre gli uomini disperatamente tentarono di riformare i ranghi e far fronte alla battaglia. Nella tenda ducale in cima al Bois Du Domingue, una collina che domina Morat, Carlo fu rapidamente armato dai suoi servitori prima di correre a cavallo per cercare di coordinare la difesa del campo. Ma l'impeto e l'ordine delle formazioni svizzere, come un fiume in piena facevano strage di tutti coloro che si mettevano davanti. Vi fu una certa resistenza da parte degli squadroni della cavalleria pesante ducale che mise in rotta nuovamente i lorenesi, tra cui Renato II, duca di Lorena, che fu salvato solo dall'arrivo delle picche svizzere, contro il quale i cavalieri borgognoni potevano solo ritirarsi.

Carlo indomito e presente ovunque, riuscì a radunare abbastanza arcieri inglesi per formare un'ultima linea di difesa prima dell'accampamento, ma questi non fecero nemmeno in tempo a piegare i loro archi e a caricare le loro frecce. A questo punto scattò il definitivo, si salvi chi può. Carlo stesso ordinò all'esercito di ritirarsi, questa azione fu interpretata in maniera drammatica dalle sue truppe, che in mancanza di una guida sicura trasformarono presto la ritirata in rotta, come e peggio di quello che accade a Grandson. In pochi minuti finì tutta la resistenza organizzata. Per oltre cinque chilometri lungo la riva del lago molti Borgognoni morirono quel giorno nella rotta che ne era seguita. Il contingente italiano forte di circa 4.000-6.000 uomini che assediano la parte meridionale di Morat fu quella che subì il peggior desti-

worst fate: cut off by the Swiss rearguard and attacked by a sally from the town, they were hunted down along the shore and driven into the lake. As promised, no quarter was granted. More fortunate was the Savoyard division under Jacques of Savoy, Count of Romont which was posted in the northern half of the Morat siege works. Forming up and abandoning all their baggage they retreated east round the lake and eventually made good their escape to Romont.

Aftermath

The French chronicler Jean Molinet reported that Charles' army lost about 6,000 to 7,000 men. Later writers have calculated a higher number, between 9,000 and 10,000. Charles' dream of revenge against the Confederates ended that day. Although he would doggedly struggle for another six months against his foes, his defeat at Morat really spelled the beginning of the end for the Duchy of Burgundy, much to the delight of the duke's enemies. Charles escaped to Morges, and then to Pontarlier, where he stayed for months, reportedly in a deep depression. He later returned to the battlefield at the Battle of Nancy, where he was killed. Signs of the Burgundian cannonades can still be seen today in the defensive towers of Morat.

SCENERY FOR THE BATTLE OF NANCY 5 JANUARY 1477

Charles was besieging the city of Nancy, capital of Lorraine, following its recapture by the forces of René II in 1476. Despite the harsh winter conditions, Charles was determined to bring the siege to an end at all costs as he was well aware that sooner or later René would arrive with a relieving army when the weather improved.

By late December René had gathered some 10,000-12,000 men from Lorraine and the Lower Union (of the Rhine). A Swiss army of 8,000 -10,000 men arrived to help out. René began his advance on Nancy early in January 1477, moving cautiously through the snow-covered landscape until they reached Nancy early on the morning of 5 January. Charles finally learned that René's army was indeed close by and drew up the bulk of his army in a strong defensive position south of Nancy on a heavily wooded slope behind a stream at the narrowest part of the valley down which he knew the Swiss would have to advance. The exact numbers available to Charles are hard to judge, but contemporary observers put the numbers between 2,000 and 8,000, for even his household troops were by this stage well below strength, while most of the Ordonnance companies were at best only 50% of their theoretical strength.

Charles, as usual, deployed his troops to a precise battle plan despite the short notice he received of the approach of René's forces. The infantry companies and dismounted gendarme formed up in a large square formation with some 30 field guns in front at the top of the slope, while on either flank were mounted knights and coutilliers.

If Charles suffered from a lack of scouting, which had cost him so dearly at Morat (Murten) six months earlier, the same could not be said for the Allied army. Despite the driving snow cutting visibility to a few yards, the Allied scouts soon recognized that a frontal assault on the Burgundian position would be disastrous.

no: tagliati dalla retroguardia svizzera e attaccati da una armata sortita uscita dalla città stessa, furono cacciati lungo la riva e spinti nel lago annegando quasi tutti. Nessuna pietà e nessun prigioniero, fu una strage completa. Più fortunata fu invece la divisione savoiarda guidata da Jacques di Savoia, conte di Romont, che agiva nella metà settentrionale dell'assedio di Morat. Questi pur abbandonando tutto il loro bagaglio, riuscirono a ritirarsi ad est intorno al lago e alla fine riuscirono a raggiungere sani e salvi Romont.

Conseguenze della battaglia

Il cronista francese Jean Molinet scrisse che nella giornata l'esercito borgognone perse da 6.000 a 7.000 uomini. Gli storici successivi calcolarono poi un numero più alto, tra le 9.000 e le 10.000 perdite. Il sogno di vendetta contro i confederati di Carlo il temerario terminò quel giorno. Sebbene continuasse ostinatamente a combattere per altri sei mesi contro i suoi nemici, la sconfitta patita a Morat segnò davvero l'inizio della fine per il Ducato di Borgogna. Dopo Morat Carlo fuggì a Morges, e poi a Pontarlier, in seguito farà ritorno sul campo di battaglia nella battaglia di Nancy, dove troverà la morte! Chiari segni delle cannonate borgognone sono ancora oggi visibili nelle torri difensive di Morat.

SCENARIO BATTAGLIA DI NANCY 5 GENNAIO 1477

Alla fine del 1476, nonostante le precedenti pesanti sconfitte patite a Granson e Morat, il duca di Borgogna si mosse per assediare la città di Nancy che era stata presa dal duca Renato II di Lorena all'inizio dell'anno. In un clima invernale particolarmente rigido, l'esercito borgognone circondò la città von la speranza di ottenere una rapida vittoria, prima dell'arrivo di un'armata nemica in soccorso. Tuttavia in una sortita , gli assediati riuscirono persino a catturare 900 uomini del Temerario.

Carlo radunò a consiglio i suoi ufficiali. Questi erano tutti dell'idea tutti che conveniva levare il campo, stante la triste situazione dell'esercito quasi distrutto dalla fame, dal freddo, dalle malattie. Arrischiare una battaglia in quello stato equivaleva a cercare la rovina; tanto più che il Lorena, privo di mezzi com'era per pagare le sue truppe, si sarebbe trovato presto in difficoltà, e obbligato nel breve a licenziarle, lasciando così a Carlo la campagna libera per completare senza fatica l'assedio. Il suggerimento era certamente saggio, fra i suoi ufficiali il solo Campobasso non lo condivideva. Carlo, come d'abitudine fece di testa sua, proseguendo l'assedio, finché i nemici gli furono tanto vicini da rendergli ormai impossibile la ritirata. Fu allora che l'infido Campobasso, al quale era affidata l'ala destra dei borgognoni, attuò il suo secondo e più grave tradimento, passando direttamente al campo nemico con 800 lance.

Rifiutato con sdegno dagli svizzeri quale compagno di battaglia, il Campobasso si sistemò coi suoi al ponte di Bauxiere sulla Meurthe, per tagliare la strada ai borgognoni, che se vinti, avrebbero per questa via cercato rifugio nel Lussemburgo. Così Carlo finì col trovarsi nella infelicissima condizione di non potere dare battaglia, essendo troppo deboli le sue forze, né di evitarla perché completamente circondato. Gli rimaneva una sola opzione, impadronirsi di Nancy e barricarvisi dentro.

Deciso quindi per questa ultima disperata possibilità, nella notte del 5 gennaio del 1477, diede alla città un feroce assalto generale. I difensori, animati dal vicino soccorso, tennero però bene e abbastanza agevolmente la posizione.

The largely Swiss vanguard of 7,000 infantry and 2,000 cavalry were instructed to attack from the right, while the principal thrust would come from the 8,000 infantry and 1,300 cavalry of the center, which was dispatched on a difficult circuitous march round the left flank, over thickly wooded snow-covered slopes out of view of the waiting Burgundians. The small rearguard of 800 handgunners acted as reserve.

The battle

After a march lasting some two hours, the center force emerged from the wooded slopes slightly to the rear of the Burgundian position and formed up in a wedge formation. The early notes of the Swiss horns sounded thrice, and the Swiss charged downhill into the Burgundian positions. The artillery attempted to retrain on the center force but could not elevate enough to be effective; the single volley discharged killed but two men. Although the right wing Burgundian cavalry held off the Swiss rivals, most of the Swiss infantry pushed on to engage the outnumbered Burgundian infantry square in a one-sided fight. The vanguard threw back the Burgundian left wing and put the artillery to flight. As Charles attempted vainly to stem the center force advance by transferring troops from his left flank, the weight of numbers arrayed against him became overwhelming, and the once proud army of the Duchy of Burgundy started to melt away in flight.

It is thought that during the fight Charles said: "I struggle against a spider who is everywhere at once," signifying the large amount of Swiss infantry.

Determined to the last, Charles and his staff tried in vain to rally the broken army, but without success. His small band was carried with the flight until eventually surrounded by a party of Swiss. A halberdier quickly swung at the Duke's head and landed a deadly blow directly on his helmet. He was seen to fall but the battle flowed on around him. It was three days until the Duke's disfigured body was finally found and positively identified amongst the detritus of the slaughter.

Most of Charles' army was killed during the battle and their retreat. Only the few who retreated over 50 km (31 mi) to Metz survived. Contemporary chronicles record that the killing of retreating soldiers continued for three days after the battle and that for 5-6 leagues (15–18 miles [24–29 km]) the road was covered with the dead. Some of the soldiers who reached Metz were still so afraid of the pursuing army that they threw themselves into the icy moat in the hope that they could swim to the city.

Charles' battered body was initially buried in the ducal church in Nancy, by René II, Duke of Lorraine. Later in 1550, his great-grandson, Holy Roman Emperor Charles V, ordered it to be moved to the Church of Our Lady in Bruges, next to that of his daughter Mary. In 1562, Emperor Charles V's son and heir, King Philip II of Spain, erected a mausoleum in early renaissance style over his tomb, still extant. Excavations in 1979 positively identified the remains of Mary, in a lead coffin, but those of Charles were never found.

L'assalto fu respinto, e non ebbe altro effetto che di logorare ancora di più il già esausto esercito del duca. La mattina seguente, gli avamposti borgognoni sono cacciati da ogni parte ed inseguiti, triste segnale che il momento decisivo della battaglia era arrivato. La terra in piena stagione invernale era coperta di neve; l'atmosfera era resa sempre più funerea dal terrore che si vedeva negli occhi delle milizie borgognone cui le passate sconfitte facevano prevedere un tragico e infelice esito dell'imminente combattimento.

E stavolta anche lo stesso duca Carlo lo presagì. Appena montato in sella per dare gli ordini della battaglia, successe un piccolo e apparentemente insignificante episodio. Il leoncino d'oro, che in atto di avventarsi sulla preda, gli adornava l'elmo a guisa di cimiero, staccandosi gli cadde sugli arcioni. Egli lo raccolse, mestamente esclamando: *"Ecco un segnale di Dio.."* poi scrollando il capo come indispettito da questi suoi pensieri, si riscosse subito, riprendendo il consueto aspetto imperioso.

Spronò il cavallo e corse incontro al suo destino, se non a vincere, a morire almeno con onore. Ma i suoi avversari, ansiosi di farla finita non gli lasciarono troppo tempo.

Herter e Waldmann, avendone girato la sua ala destra, prima ancora che il duca potesse organizzare le file, penetrarono da quel lato fra le colonne ancora disordinate e, mentre Carlo studia il modo di arrestare l'impeto degli svizzeri, ecco a suggellare il tragico momento, il terribile squillo del corno di Uri annunciargli la morte in arrivo.

Intanto nel centro Renato sfonda col grosso dell'esercito. I borgognoni, inferiori di numero, già vinti dalla paura, dal freddo e dalla disperazione, non oppongono quasi nessuna resistenza. I più gettano le armi e si danno prigionieri, altri si danno alla fuga verso il Lussemburgo, dove sono dispersi o massacrati dal Campobasso.

Anche il duca, finì con l'essere trascinato dalla turba dei fuggiaschi, accompagnato dalla sua guardia, di 500 cavalieri si indirizzava verso un grosso villaggio a nord della città, dove aveva posto il suo quartiere generale. Nell'attraversare un piccolo stagno gelato poco distante dalle mura, sotto il peso degli animali e delle armature si ruppe il ghiaccio facendolo rovesciare da cavallo. Ancora prima che egli potesse rialzarsi, fu completamente circondato dai soldati svizzeri. Uno di questi senza riconoscerlo, lo ferì ad una coscia.

Conscio dell'uso di salvaguardare le personalità per via del ricco riscatto, il duca si fece riconoscere urlando: *"Salva la vita al duca di Borgogna"* Gli svizzeri attorno a lui per il boato della battaglia o per altro capirono invece *"Viva il duca di Borgogna"* al che un soldato indispettito, con un colpo di alabarda su una tempia gli spaccò il cranio sino ai denti, e lo finì.

Così miseramente periva Carlo duca di Borgogna, vittima soprattutto del suo smisurato orgoglio. Vedutolo ferito a morte, i suoi l'abbandonarono in tutta fretta cercando scampo a loro volta.

Egli quindi, non riconosciuto dagli avversari e abbandonato dai suoi perì senza che alcuno potesse indicare il luogo dove era spirato. Solo giorni dopo su indicazione di Battista Colonna, un paggio del duca di Borgogna, il quale aveva visto cadere il suo signore vicino allo stagno di Saint-Jean, la salma di Carlo fu ritrovata ed identificata. Il cadavere era sfigurato e mezzo divorato dai lupi; il suo cadavere, nudo e orribilmente sformato dal freddo, fu a stento riconosciuto grazie alle lunghe unghie che usava tenere, ed alla cicatrice di una ferita ricevuta nella battaglia di Montléhri. Oggi il suo corpo riposa nella chiesa di Notre Dame di Bruges.

PAPER BATTLE&DIORAMAS PUBLISHED AND IN WORKING

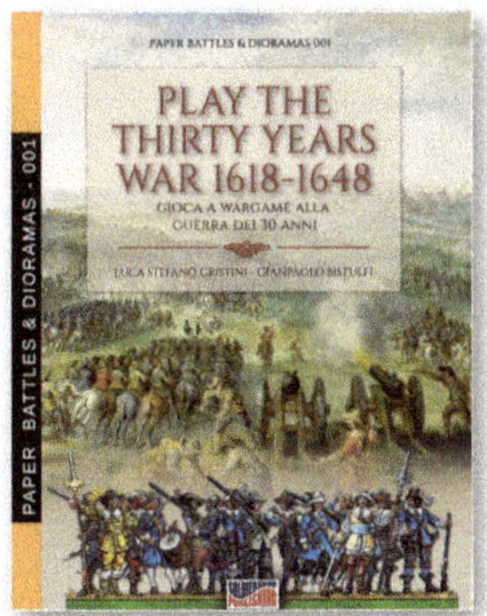

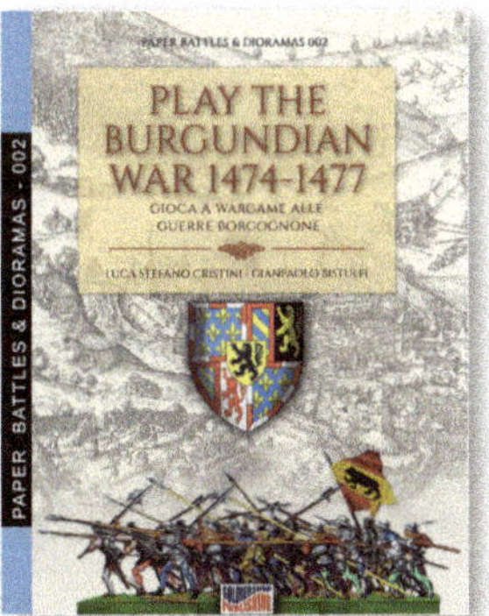

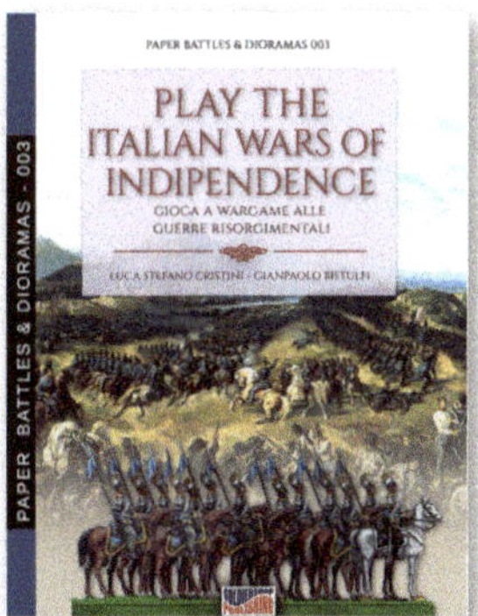

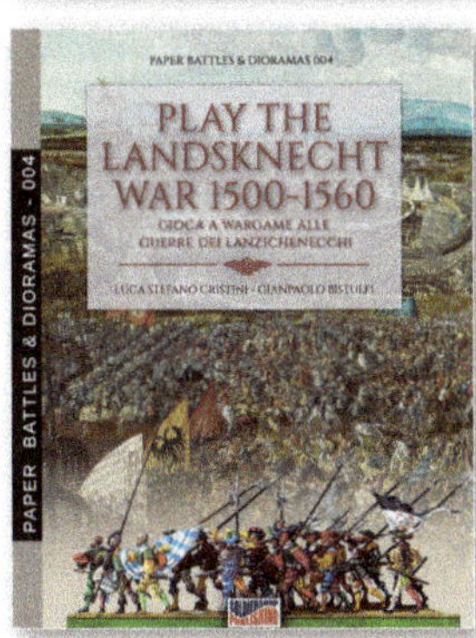

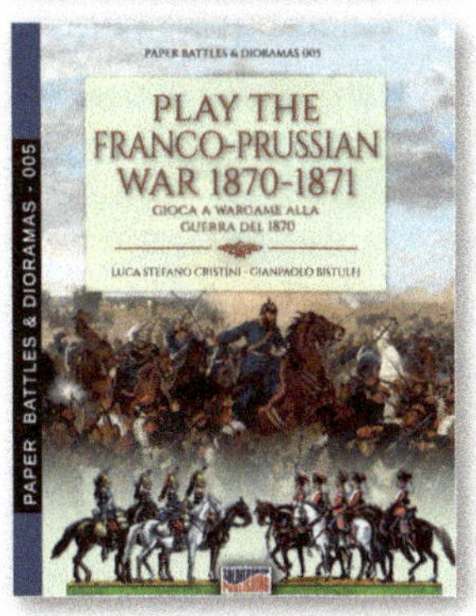

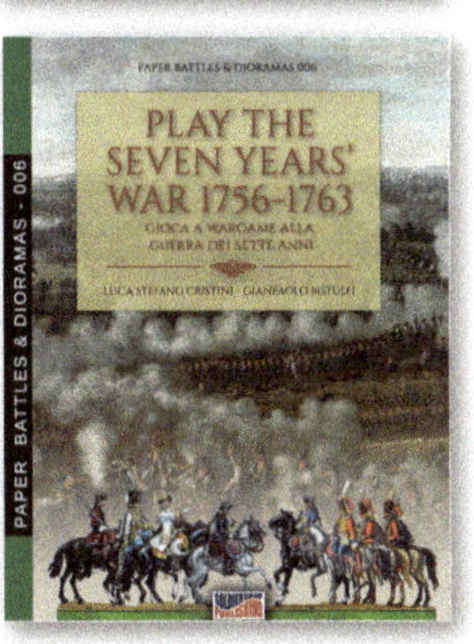

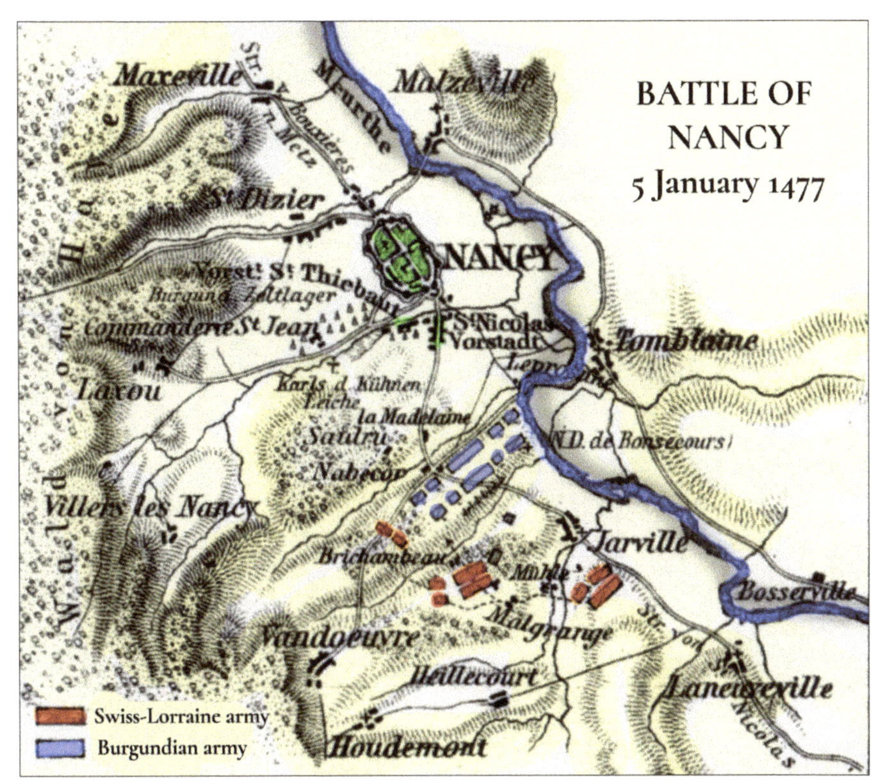

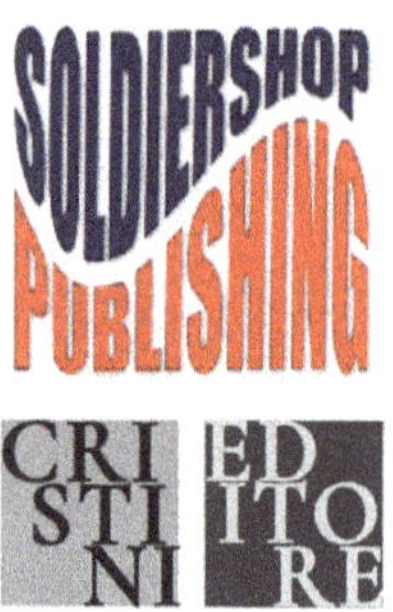

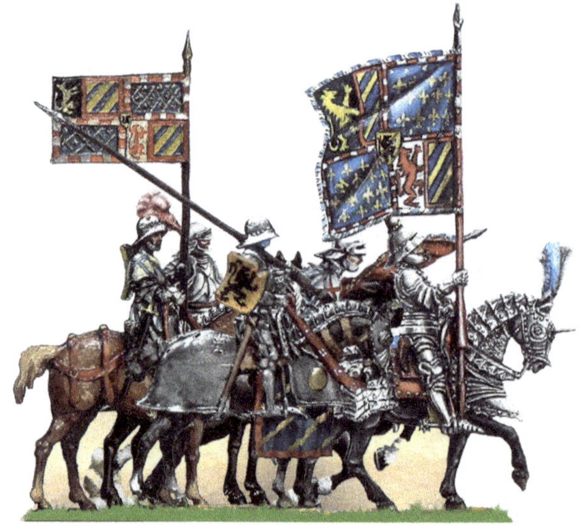